プロ野球を統計学と客観分析で考える

デルタ・ベースボール・リポート 4

PLAYERS STATUS //　　　　　　25%

60　　75

The Japanese Professional Baseball analysis
with a statistical point of view

ERROR

DELTA

BASEBALL REPORT

4

SAFE

岡田友輔／道作／蛭川皓平／佐藤文彦／水島仁／

神原謙悟／市川博久／竹下弘道／八代久通／二階堂智志

プロ野球を統計学と客観分析で考える

デルタ・ベースボール・リポート 4

目次

2011-2020
NPB DECADE VIEW

2012年発行の『セイバーメトリクス・リポート1』にて
2011年のNPBのシーズンスタッツを扱ってから10年。
その間のNPBの流れを、各年の得失点差の
推移や貢献選手のリストから見ていく。

打撃成績は同じ打席数を得た平均的な選手との貢献の差を表す wRAA (weighted Runs Above Average)を、投球成績は
同じイニングを投げた代替可能な控えレベルの投手との貢献の差を表す RAR (Runs Above Replacement)を、守備成績
は同じポジションで同じイニング出場した平均的な選手との貢献の差を表す UZR (Ultimate Zone Rating)を用いている。
wRAA と RAR については、2013 年以降の数字について、本拠地球場の違いが成績に及ぼすとみられる影響についての補
正を行っている(その他の指標については行っていない)。 UZR は各ポジションで 500 イニング以上の出場がある選手が
対象。なお、短縮シーズンとなった 2020 年のみ 400 イニング以上の出場がある選手を対象としている。

2011

投手有利の環境でものをいったディフェンス力。

東日本大震災発生による4月開幕や3時間半ルール導入、影響の読みにくい統一球の使用開始などイレギュラーなシーズンに。明らかに得点の入りにくい投手有利な環境で、ハイレベルな先発投手陣をそろえたソフトバンクとディフェンスに強みを持つ中日がそれぞれリーグを制した。打者の多くが環境変化に苦しんだが、西武・中村剛也だけは全く影響を感じさせない傑出ぶりを見せた。

PACIFIC

チーム成績

球団	勝	敗	分	勝率	得失点差	平均得点	前年差	平均失点	前年差
H	88	46	10	.657	199	3.82	-0.61	2.44	-1.83
F	72	65	7	.526	64	3.35	-0.90	2.90	-0.90
L	68	67	9	.504	49	3.97	-0.76	3.63	-0.83
Bs	69	68	7	.504	-40	3.32	-1.15	3.60	-0.76
E	66	71	7	.482	-32	3.00	-1.00	3.22	-1.19
M	54	79	11	.406	-101	3.00	-1.92	3.70	-0.71

打撃貢献上位

選手	球団	WRAA	打席	WOBA	打率	出塁率	長打率
中村 剛也	L	60.5	622	.411	.269	.373	.600
糸井 嘉男	F	41.2	578	.379	.319	.411	.448
松田 宣浩	H	36.0	582	.367	.282	.344	.510
栗山 巧	L	29.4	653	.346	.307	.391	.384
内川 聖一	H	29.0	463	.368	.338	.371	.485

投球貢献上位 （100イニング以上の投手をFIPで比較）

選手	球団	FIP	投球回	K%	BB%	HR/9	FIP-
ダルビッシュ有	F	1.25	232.0	31.2	4.1	0.19	42
田中 将大	E	1.56	226.0	27.8	3.1	0.32	53
和田 毅	H	2.19	184.0	23.1	5.5	0.34	74
杉内 俊哉	H	2.32	171.0	26.2	7.2	0.42	79
攝津 正	H	2.45	177.0	21.5	4.4	0.51	83
牧田 和久	L	2.53	127.0	16.9	7.4	0.35	86

球団別守備貢献 （Relative Range Factor を用いて算出）

位置	H	F	L	Bs	E	M
C	6.6	4.1	-3.4	-19.4	-0.7	13.6
1B	5.4	0.8	13.9	-7.1	3.4	-14.5
2B	14.1	-0.5	-0.5	0.8	13.8	-36.5
3B	39.8	-10.5	-11.6	-8.7	-11.2	-1.3
SS	5.6	17.1	-3.2	3.8	-3.5	-23.5
LF	-7.8	-6.5	7.1	7.5	-12.2	14.1
CF	34.5	6.8	-15.5	-14.7	-7.7	-3.8
RF	-7.1	-4.9	0.8	0.7	18.8	-5.6

CENTRAL

チーム成績

球団	勝	敗	分	勝率	得失点差	平均得点	前年差	平均失点	前年差
D	75	59	10	.560	9	2.91	-0.83	2.85	-0.77
S	70	59	15	.543	-20	3.36	-0.92	3.50	-0.81
G	71	62	11	.534	54	3.27	-1.67	2.90	-1.39
T	68	70	6	.493	39	3.35	-1.79	3.08	-1.37
C	60	76	8	.441	-57	3.05	-1.09	3.44	-1.67
YB	47	86	11	.353	-164	2.94	-0.68	4.08	-1.08

打撃貢献上位

選手	球団	WRAA	打席	WOBA	打率	出塁率	長打率
長野 久義	G	38.6	578	.367	.316	.379	.468
畠山 和洋	S	36.8	583	.362	.269	.373	.462
鳥谷 敬	T	36.0	590	.360	.300	.395	.414
阿部 慎之助	G	31.3	437	.373	.292	.363	.500
栗原 健太	C	28.7	596	.344	.293	.351	.442

投球貢献上位

選手	球団	FIP	投球回	K%	BB%	HR/9	FIP-
能見 篤史	T	2.25	200.1	23.3	6.9	0.36	74
吉見 一起	D	2.45	190.2	16.3	3.1	0.38	80
前田 健太	C	2.50	216.0	22.2	5.0	0.58	82
R・メッセンジャー	T	2.55	150.0	19.8	7.3	0.36	83
岩田 稔	T	2.57	169.0	19.8	6.7	0.37	84
高崎 健太郎	YB	2.62	177.0	17.2	4.9	0.46	86

球団別守備貢献

位置	D	S	G	T	C	YB
C	-3.0	12.8	-13.1	13.7	-10.7	-0.1
1B	-21.8	-11.0	16.5	10.3	16.7	-17.0
2B	10.0	22.5	-8.7	7.2	-17.4	-11.3
3B	13.4	-11.5	13.3	-13.5	0.8	-2.6
SS	15.8	-4.8	19.1	-14.2	-13.0	-3.3
LF	-1.2	16.9	-26.5	-22.6	18.0	14.0
CF	10.4	4.0	20.7	-7.2	-13.1	-10.2
RF	5.3	-13.3	2.7	15.0	-6.9	0.5

※ 数値は 2012 年発行『セイバーメトリクス・リポート 1』より

2012

ダルビッシュが抜けても強かった日本ハム。

パは絶対的エースだったダルビッシュ有が去りながらも、エースの吉川光夫や引き続き打者不利で推移した環境でも出塁率4割を記録した糸井嘉男、24本塁打を放った中田翔の台頭などで競争力を保った日本ハムが、2位の西武を抑えリーグ制覇。セは阿部慎之助と坂本勇人、そして長野久義という重要ポジションにそろえた強打者と確かな投手力がしっかり噛み合った巨人が2位に大きな差をつけて優勝した。

PACIFIC

チーム成績

球団	勝	敗	分	勝率	得失点差	平均得点	前年差	平均失点	前年差
F	74	59	11	.556	60	3.54	0.19	3.13	0.22
L	72	63	9	.533	-2	3.58	-0.38	3.60	-0.03
H	67	65	12	.508	23	3.14	-0.68	2.98	0.54
E	67	67	10	.500	24	3.41	0.41	3.24	0.02
M	62	67	15	.481	-3	3.47	0.47	3.49	-0.22
Bs	57	77	10	.425	-82	3.08	-0.24	3.65	0.05

打撃貢献上位

選手	球団	WRAA	打席	WOBA	WRC+	打率	出塁率	長打率
李 大浩	Bs	36.2	601	.366	197	.286	.368	.478
糸井 嘉男	F	34.2	597	.362	194	.304	.404	.410
中島 裕之	L	32.5	567	.362	194	.311	.382	.451
W・ペーニャ	H	27.0	507	.357	189	.280	.339	.490
角中 勝也	M	22.2	525	.344	177	.312	.366	.415

投球貢献上位

種別	選手	球団	RAR	投球回	K%	BB%	HR/9	FIP
先	田中 将大	E	56.9	173	24.3	2.7	0.21	1.76
	吉川 光夫	F	42.7	173.2	23.7	6.7	0.31	2.51
	岸 孝之	L	40.6	187.2	20.6	5.5	0.43	2.78
	攝津 正	H	39.7	193.1	19.9	7.0	0.37	2.87
	S・グライシンガー	M	39.4	168.2	16.8	3.6	0.27	2.62
救	平野 佳寿	Bs	23.3	79.2	26.1	1.6	0.45	1.92

守備貢献上位

位置	①	球団	UZR	②	球団	UZR
C	炭谷 銀仁朗	L	6.3	大野 奨太	H	1.1
1B	明石 健志	H	4.2	江川 智晃	H	3.7
2B	本多 雄一	H	14.9	藤田 一也	E	3.9
3B	松田 宣浩	H	11.5	中村 剛也	L	5.2
SS	今宮 健太	H	12.0	金子 誠	F	10.0
LF	中田 翔	F	23.7	栗山 巧	L	18.2
CF	岡田 幸文	M	19.3	秋山 翔吾	L	13.9
RF	糸井 嘉男	F	33.3	清田 育宏	M	10.0

CENTRAL

チーム成績

球団	勝	敗	分	勝率	得失点差	平均得点	前年差	平均失点	前年差
G	86	43	15	.667	91	4.36	1.09	3.73	0.83
D	75	53	16	.586	8	3.96	1.05	3.90	1.06
S	68	65	11	.511	-12	3.97	0.61	4.06	0.56
C	61	71	12	.462	98	4.58	1.53	3.90	0.46
T	55	75	14	.423	-16	3.56	0.22	3.67	0.60
DB	46	85	13	.351	-70	3.71	0.77	4.19	0.12

打撃貢献上位

選手	球団	WRAA	打席	WOBA	WRC+	打率	出塁率	長打率
阿部 慎之助	G	60.3	556	.422	227	.340	.429	.565
W・バレンティン	S	40.4	422	.406	212	.272	.386	.572
L・ミレッジ	S	37.4	546	.372	180	.300	.379	.485
長野 久義	G	36.3	653	.356	165	.301	.382	.432
坂本 勇人	G	33.0	619	.354	163	.311	.359	.456

投球貢献上位

種別	選手	球団	RAR	投球回	K%	BB%	HR/9	FIP
先	前田 健太	C	48.3	206.1	20.9	5.4	0.26	2.37
	杉内 俊哉	G	42.9	163.0	27.1	6.8	0.33	2.11
	R・メッセンジャー	T	38.5	196.2	20.7	8.1	0.32	2.64
	能見 篤史	T	36.6	182.0	23.3	5.0	0.69	2.63
	B・バリントン	C	34.8	175.2	18.7	6.0	0.41	2.69
救	山口 鉄也	G	22.9	75.1	24.5	2.5	0.12	1.58

守備貢献上位

位置	①	球団	UZR	②	球団	UZR
C	藤井 彰人	T	2.6	中村 悠平	S	1.7
1B	中村 紀洋	DB	2.5	新井 良太	T	1.8
2B	田中 浩康	S	12.2	荒木 雅博	D	6.8
3B	森野 将彦	D	7.4	村田 修一	G	6.1
SS	坂本 勇人	G	16.0	井端 弘和	D	15.9
LF	森本 稀哲	DB	7.6	天谷 宗一郎	C	4.3
CF	大島 洋平	D	17.4	荒波 翔	DB	9.2
RF	平田 良介	D	10.0	藤井 淳志	D	3.8

2013

得点力回復。支配的な投球続けた楽天・田中の年に。

ボールの反発力が見直され、極端な投高打低が解消された。そのような環境のもとで、パは2007年の入団以来チームを牽引してきた田中将大の支配的な投球や外国人野手の補強を通じた得点増に成功した楽天が初優勝。セは前年の主力に加え、移籍2年目の村田修一らが活躍した巨人が連覇を果たす。両球団が戦った日本シリーズは大きな注目を浴び、田中はこの年をもってMLBへ。

PACIFIC

チーム成績

球団	勝	敗	分	勝率	得失点差	平均得点	前年差	平均失点	前年差
E	82	59	3	.582	91	4.36	0.95	3.73	0.49
L	74	66	4	.529	18	3.96	0.38	3.90	0.31
M	74	68	2	.521	-12	3.97	0.51	4.06	0.57
H	73	69	2	.514	98	4.58	1.44	3.90	0.92
Bs	66	73	5	.475	-16	3.56	0.49	3.67	0.03
F	64	78	2	.451	-70	3.71	0.17	4.19	1.07

打撃貢献上位

選手	球団	WRAA	打席	WOBA	WRC+	打率	出塁率	長打率
長谷川 勇也	H	44.0	637	.410	166	.341	.392	.510
浅村 栄斗	L	40.3	620	.405	162	.317	.388	.554
李 大浩	Bs	34.0	593	.395	154	.303	.384	.493
井口 資仁	M	33.8	566	.398	154	.297	.390	.511
C・マギー	E	33.2	590	.394	153	.292	.376	.515

投球貢献上位

種別	選手	球団	RAR	投球回	K%	BB%	HR/9	tRA
先	田中 将大	E	77.0	212.0	22.3	3.9	0.25	2.15
	金子 千尋	Bs	66.8	223.1	22.7	6.6	0.40	2.80
	岸 孝之	L	36.5	178.1	19.3	4.3	0.86	3.82
	十亀 剣	L	35.0	164.1	17.7	6.4	0.66	3.73
	攝津 正	H	32.3	162.1	22.1	6.1	0.61	3.40
救	平野 佳寿	Bs	21.7	62.2	17.8	6.4	0.29	4.15

守備貢献上位

位置	①	球団	UZR	②	球団	UZR
C	嶋 基宏	E	5.7	大野 奨太	F	5.0
1B	浅村 栄斗	L	19.1	銀次	E	4.5
2B	片岡 治大	L	8.9	藤田 一也	E	8.6
3B	松田 宣浩	H	23.9	今江 敏晃	M	4.9
SS	安達 了一	Bs	14.0	今宮 健太	H	8.4
LF	荻野 貴司	M	6.5	栗山 巧	L	6.1
CF	岡田 幸文	M	12.2	駿太	Bs	4.2
RF	角中 勝也	M	-4.4	糸井 嘉男	Bs	-11.3

CENTRAL

チーム成績

球団	勝	敗	分	勝率	得失点差	平均得点	前年差	平均失点	前年差
G	84	53	7	.613	89	4.15	-0.22	3.53	-0.20
T	73	67	4	.521	43	3.69	0.13	3.39	-0.26
C	69	72	3	.489	3	3.87	-0.72	3.85	-0.06
D	64	77	3	.454	-73	3.65	-0.31	4.16	0.26
DB	64	79	1	.448	-56	4.38	0.67	4.76	0.57
S	57	83	4	.407	-105	4.01	0.03	4.74	0.68

打撃貢献上位

選手	球団	WRAA	打席	WOBA	WRC+	打率	出塁率	長打率
W・バレンティン	S	73.4	547	.495	230	.330	.455	.779
T・ブランコ	DB	44.5	558	.427	177	.333	.416	.634
阿部 慎之助	G	42.6	529	.428	178	.296	.427	.564
村田 修一	G	35.3	595	.402	157	.316	.385	.511
H・ルナ	D	28.7	356	.428	178	.350	.399	.520

投球貢献上位

種別	選手	球団	RAR	投球回	K%	BB%	HR/9	tRA
先	小川 泰弘	S	58.2	178.0	18.7	6.2	0.46	2.96
	前田 健太	C	58.1	175.2	22.9	5.8	0.67	2.68
	R・メッセンジャー	T	57.8	196.1	22.6	6.9	0.60	2.90
	菅野 智之	G	55.4	176.0	21.3	5.1	0.51	2.91
	内海 哲也	G	41.3	160.1	15.9	7.0	0.62	3.49
救	S・マシソン	G	26.4	61.0	32.8	7.7	0.30	1.70

守備貢献上位

位置	①	球団	UZR	②	球団	UZR
C	阿部 慎之助	G	6.9	藤井 彰人	T	4.6
1B	J・ロペス	G	7.0	新井 貴浩	T	2.7
2B	菊池 涼介	C	13.0	山田 哲人	S	7.1
3B	堂林 翔太	C	4.4	川端 慎吾	S	0.7
SS	鳥谷 敬	T	28.9	坂本 勇人	G	28.5
LF	F・ルイス	C	1.5	L・ミレッジ	S	-0.6
CF	大島 洋平	D	28.3	上田 剛史	S	6.3
RF	平田 良介	D	6.1	松山 竜平	C	3.6

新鋭と移籍戦力が盛り上げた H-Bs のデッドヒート。

2014

2シーズン優勝を逃していたソフトバンクだったが、入団4年目で初の全試合出場を果たした柳田悠岐のリーグトップレベルの活躍などにより浮上。ここに前年に大型トレードで日本ハムから獲得した糸井嘉男らにより攻撃力を高めたオリックスが肉薄。セは巨人が3連覇達成。前2シーズンに比べるとマージンは小さくなったものの、盤石の投手力でしのいだ。

PACIFIC

チーム成績

球団	勝	敗	分	勝率	得失点差	平均得点	前年差	平均失点	前年差
H	78	60	6	.565	85	4.22	-0.36	3.63	-0.27
Bs	80	62	2	.563	116	4.26	0.50	3.25	-0.42
F	73	68	3	.518	24	4.12	0.41	3.95	-0.24
M	66	76	2	.465	-86	3.86	-0.11	4.46	0.40
L	63	77	4	.450	-26	3.99	0.03	4.17	0.27
E	64	80	0	.444	-55	3.81	-0.55	4.19	0.46

打撃貢献上位

選手	球団	WRAA	打席	WOBA	WRC+	打率	出塁率	長打率
糸井 嘉男	Bs	44.4	590	.418	170	.331	.424	.524
柳田 悠岐	H	36.4	615	.392	155	.317	.413	.452
陽 岱鋼	F	34.7	540	.401	160	.293	.367	.495
中村 剛也	L	33.7	466	.417	167	.257	.384	.579
E・メヒア	L	28.2	450	.406	158	.290	.369	.581

投球貢献上位

種別	選手	球団	RAR	投球回	K%	BB%	HR/9	tRA
	金子 千尋	Bs	69.5	191.0	26.1	5.5	0.33	2.30
	則本 昂大	E	55.6	202.2	24.8	4.8	0.62	2.97
先	大谷 翔平	F	50.7	155.1	28.0	8.9	0.41	2.58
	L・メンドーサ	F	43.0	162.0	17.0	6.4	0.43	3.13
	B・ディクソン	Bs	39.0	154.0	18.0	8.4	0.41	3.28
救	D・サファテ		28.6	68.1	35.3	8.1	0.00	1.42

守備貢献上位

位置	①	球団	UZR	②	球団	UZR
C	炭谷 銀仁朗	L	5.8	大野 奨太	F	1.6
1B	T-岡田	Bs	5.8	李 大浩	H	5.2
2B	本多 雄一	H	14.2	藤田 一也	E	8.5
3B	近藤 健介	F	8.5	松田 宣浩	H	6.9
SS	安達 了一	Bs	22.2	今宮 健太	H	17.8
LF	栗山 巧	L	19.5	中村 晃	H	1.3
CF	秋山 翔吾	L	21.1	岡田 幸文	M	7.4
RF	長谷川 勇也	H	7.4	糸井 嘉男	Bs	-3.2

CENTRAL

チーム成績

球団	勝	敗	分	勝率	得失点差	平均得点	前年差	平均失点	前年差
G	82	61	1	.573	44	4.14	-0.01	3.83	0.30
T	75	68	1	.524	-15	4.16	0.47	4.26	0.87
C	74	68	2	.521	39	4.51	0.64	4.24	0.39
D	67	73	4	.489	-20	3.96	0.31	4.10	-0.06
DB	67	75	2	.472	-56	3.94	-0.44	4.33	-0.43
S	60	81	3	.426	-50	4.63	0.62	4.98	0.24

打撃貢献上位

選手	球団	WRAA	打席	WOBA	WRC+	打率	出塁率	長打率
山田 哲人	S	42.2	685	.415	142	.324	.403	.539
丸 佳浩	C	39.8	644	.410	142	.310	.419	.491
M・マートン	T	36.6	591	.391	142	.338	.394	.477
W・バレンティン	S	35.2	446	.435	157	.301	.419	.587
M・ゴメス	T	32.9	616	.381	135	.283	.369	.492

投球貢献上位

種別	選手	球団	RAR	投球回	K%	BB%	HR/9	tRA
	前田 健太	C	59.7	187.0	21.6	5.5	0.58	3.13
	R・メッセンジャー	T	55.2	208.1	25.9	7.9	0.60	3.35
先	藤浪 晋太郎	T	52.9	162.2	24.4	9.1	0.33	2.85
	菅野 智之	G	49.4	158.2	19.1	5.6	0.68	3.37
	久保 康友	DB	47.8	178.1	15.7	7.1	0.40	3.76
救	又吉 克樹	D	27.5	81.1	34.2	8.7	0.33	2.50

守備貢献上位

位置	①	球団	UZR	②	球団	UZR
C	黒羽根 利規	DB	5.3	阿部 慎之助	G	3.6
1B	森野 将彦	D	5.8	J・ロペス	G	1.9
2B	菊池 涼介	C	13.2	片岡 治大	G	10.2
3B	H・ルナ	D	6.5	今成 亮太	T	6.2
SS	坂本 勇人	G	16.6	堂上 直倫	D	11.5
LF	筒香 嘉智	DB	4.9	和田 一浩	D	-1.9
CF	大島 洋平	D	23.5	大和	T	21.3
RF	平田 良介	D	13.8	梶谷 隆幸	DB	10.9

2015

柳田と山田の大ブレイク。ヤクルトが巻き返し優勝。

ソフトバンクは本拠地球場のフェンスを前に出す施策を通じ、攻撃力を生かしやすい環境のもとでの戦いを選択。柳田悠岐はその恩恵を受けながら前年以上の傑出した成績を残しチームは連覇。2位の日本ハムは二刀流に挑む大谷翔平が投手として大きな成長を見せた。セは山田哲人という攻撃の核を確立し、信頼できるタフなブルペンの力でリードをつくったヤクルトが、前年最下位からの優勝を果たす。

PACIFIC

チーム成績

球団	勝	敗	分	勝率	得失点差	平均得点	前年差	平均失点	前年差
H	90	49	4	.647	160	4.55	0.33	3.43	-0.20
F	79	62	2	.560	34	4.30	0.18	4.06	0.11
M	73	69	1	.514	-2	3.92	0.06	3.94	-0.52
L	69	69	5	.500	58	4.41	0.42	4.01	-0.16
Bs	61	80	2	.433	-29	3.63	-0.43	3.83	0.58
E	57	83	3	.407	-149	3.24	-0.57	4.28	0.09

打撃貢献上位

選手	球団	WRAA	打席	wOBA	wRC+	打率	出塁率	長打率
柳田 悠岐	H	77.6	605	.480	220	.363	.469	.631
秋山 翔吾	L	48.1	675	.417	167	.359	.419	.522
中村 剛也	L	34.8	599	.401	154	.278	.367	.559
清田 育宏	M	33.4	548	.396	157	.317	.387	.503
近藤 健介	F	32.0	504	.395	159	.326	.405	.467

投球貢献上位

種別	選手	球団	RAR	投球回	K%	BB%	HR/9	tRA
先	大谷 翔平	F	64.6	160.2	31.6	7.4	0.39	1.82
	則本 昂大	E	55.7	194.2	27.0	6.0	0.65	2.92
	武田 翔太	H	41.5	164.2	23.8	8.6	0.77	3.34
	B・ディクソン	Bs	38.5	130.2	16.4	8.2	0.21	2.70
	菊池 雄星	L	38.4	133.0	22.5	10.1	0.61	3.14
救	D・サファテ	H	30.7	64.2	43.4	6.0	0.56	1.15

守備貢献上位

位置	①	球団	UZR	②	球団	UZR
C	炭谷 銀仁朗	L	5.2	田村 龍弘	M	4.4
1B	中田 翔	F	6.5	中島 裕之	L	-2.5
2B	藤田 一也	E	2.1	浅村 栄斗	L	0.8
3B	松田 宣浩	H	17.6	中村 剛也	L	9.1
SS	安達 了一	Bs	26.1	今宮 健太	H	10.9
LF	西川 遥輝	F	5.9	T一岡田	Bs	4.7
CF	秋山 翔吾	L	5.3	陽 岱鋼	F	4.5
RF	中村 晃	H	1.4	松井 稼頭央	E	1.1

CENTRAL

チーム成績

球団	勝	敗	分	勝率	得失点差	平均得点	前年差	平均失点	前年差
S	76	65	2	.539	56	4.01	-0.62	3.62	-1.36
G	75	67	1	.528	46	3.42	-0.72	3.10	-0.73
T	70	71	2	.496	-85	3.25	-0.91	3.85	-0.41
C	69	71	3	.493	32	3.54	-0.97	3.31	-0.93
D	62	77	4	.446	-31	3.31	-0.65	3.52	-0.58
DB	62	80	1	.437	-90	3.55	-0.39	4.18	-0.15

打撃貢献上位

選手	球団	WRAA	打席	wOBA	wRC+	打率	出塁率	長打率
山田 哲人	S	62.9	646	.443	186	.329	.416	.610
筒香 嘉智	DB	39.8	568	.407	158	.317	.400	.522
福留 孝介	T	29.2	569	.365	139	.281	.361	.463
平田 良介	D	28.8	559	.364	139	.283	.369	.430
J・ロペス	DB	28.1	565	.382	137	.291	.347	.496

投球貢献上位

種別	選手	球団	RAR	投球回	K%	BB%	HR/9	tRA
先	前田 健太	C	62.5	206.1	21.3	5.0	0.22	2.33
	K・ジョンソン	C	51.8	194.1	19.4	8.7	0.23	2.66
	R・メッセンジャー	T	43.1	193.2	24.3	7.5	0.46	2.81
	藤浪 晋太郎	T	41.9	199.0	26.3	9.8	0.41	2.87
	大野 雄大	D	40.5	207.1	18.6	5.7	0.52	3.05
救	秋吉 亮	S	21.9	76.1	26.6	9.2	0.71	2.70

守備貢献上位

位置	①	球団	UZR	②	球団	UZR
C	中村 悠平	S	3.6	小林 誠司	G	2.6
1B	畠山 和洋	S	4.7	J・ロペス	DB	3.2
2B	山田 哲人	S	17.6	片岡 治大	G	12.3
3B	今成 亮太	T	8.9	梵 英心	C	-1.7
SS	坂本 勇人	G	32.3	大引 啓次	S	3.2
LF	筒香 嘉智	DB	-11.0	M・マートン	T	-17.0
CF	大島 洋平	D	15.6	丸 佳浩	C	4.8
RF	梶谷 隆幸	DB	7.5	福留 孝介	T	7.4

2016

広島がついにセを制覇。大谷は二刀流運用で成果。

巨人と他球団の差が詰まり混戦状況が訪れたセは、生え抜き野手陣の成長や前年の黒田博樹の MLB からの復帰で勢いを増していた広島が 25 年ぶりの優勝。パは二刀流を貫く大谷翔平を擁する日本ハムとソフトバンクのマッチレースとなり、日本ハムが制した。ソフトバンクは連覇を逃したが、先発に転向した育成出身の千賀滉大が結果を残すなど、育成路線での成功事例をつくる。

PACIFIC

チーム成績

球団	勝	敗	分	勝率	得失点差	平均得点	前年差	平均失点	前年差
F	87	53	3	.621	152	4.33	0.03	3.27	-0.79
H	83	54	6	.606	158	4.45	-0.10	3.35	-0.08
M	72	68	3	.514	1	4.08	0.16	4.07	0.13
L	64	76	3	.457	1	4.33	-0.08	4.32	0.31
E	62	78	3	.443	-110	3.8	0.56	4.57	0.29
Bs	57	83	3	.407	-136	3.49	-0.14	4.44	0.61

打撃貢献上位

選手	球団	WRAA	打席	WOBA	WRC+	打率	出塁率	長打率
柳田 悠岐	H	45.3	536	.435	177	.306	.446	.523
角中 勝也	M	38.0	607	.391	157	.339	.417	.461
糸井 嘉男	Bs	35.2	616	.381	152	.306	.398	.451
浅村 栄斗	L	27.6	611	.386	140	.309	.357	.510
A・デスパイネ	M	24.8	570	.367	139	.280	.361	.480

投球貢献上位

種別	選手	球団	RAR	投球回	K%	BB%	HR/9	tRA
	則本 昂大	E	62.5	195.0	26.3	6.1	0.55	2.83
	大谷 翔平	F	54.9	140.0	31.8	8.2	0.26	2.00
先	千賀 滉大	H	49.6	169.0	26.6	7.8	0.85	3.19
	武田 翔太	H	41.3	183.0	18.7	9.1	0.59	3.75
	西 勇輝	Bs	37.4	165.1	15.2	6.7	0.22	3.35
救	D・サファテ	H	26.0	62.1	30.8	4.6	0.58	1.89

守備貢献上位

位置	①	球団	UZR	②	球団	UZR
C	田村 龍弘	M	1.6	若月 健矢	Bs	1.6
1B	中田 翔	F	10.7	内川 聖一	H	8.4
2B	浅村 栄斗	L	8.0	田中 賢介	F	0.5
3B	松田 宣浩	H	7.9	B・レアード	F	6.7
SS	中島 卓也	F	15.9	安達 了一	Bs	14.8
LF	西川 遥輝	F	17.2	中村 晃	H	12.2
CF	駿太	Bs	6.6	岡田 幸文	M	-0.1
RF	金子 侑司	L	-6.8	糸井 嘉男	Bs	-7.3

CENTRAL

チーム成績

球団	勝	敗	分	勝率	得失点差	平均得点	前年差	平均失点	前年差
C	89	52	2	.631	187	4.78	1.24	3.48	0.17
G	71	69	3	.507	-24	3.63	0.21	3.80	0.70
DB	69	71	3	.493	-16	4.00	0.45	4.11	-0.07
T	64	76	3	.457	-40	3.54	0.29	3.82	-0.03
S	64	78	1	.451	-100	4.15	0.14	4.85	1.23
D	58	82	3	.414	-73	3.50	0.19	4.01	0.49

打撃貢献上位

選手	球団	WRAA	打席	WOBA	WRC+	打率	出塁率	長打率
筒香 嘉智	DB	63.9	561	.471	192	.322	.430	.680
山田 哲人	S	55.6	590	.447	174	.304	.425	.607
坂本 勇人	G	54.7	576	.428	174	.344	.433	.555
鈴木 誠也	C	52.8	528	.450	179	.335	.404	.612
丸 佳浩	C	32.6	652	.388	133	.291	.389	.481

投球貢献上位

種別	選手	球団	RAR	投球回	K%	BB%	HR/9	tRA
	菅野 智之	G	65.2	183.1	26.0	3.6	0.59	2.44
	K・ジョンソン	C	56.2	180.1	19.2	6.7	0.55	2.90
先	R・メッセンジャー	T	45.6	185.1	22.4	7.6	0.53	3.19
	藤浪 晋太郎	T	42.2	169.0	24.0	9.1	0.59	3.18
	山口 俊	DB	38.3	138.2	21.2	7.7	0.65	3.32
救	今村 猛	C	29.0	73.2	29.1	7.4	0.37	1.97

守備貢献上位

位置	①	球団	UZR	②	球団	UZR
C	小林 誠司	G	4.2	石原 慶幸	C	2.4
1B	J・ロペス	DB	9.4	M・ゴメス	T	4.9
2B	菊池 涼介	C	17.3	山田 哲人	S	3.8
3B	高橋 周平	DB	1.4	川端 慎吾	S	-1.3
SS	坂本 勇人	G	15.1	堂上 直倫	D	7.9
LF	筒香 嘉智	DB	3.4	R・ナニータ	D	-4.6
CF	丸 佳浩	C	11.8	橋本 到	G	11.0
RF	鈴木 誠也	C	11.6	雄平	S	7.4

2017

戦力充実の広島が連覇。得失点差は 200 点に迫る。

広島が攻撃力でつくりあげたマージンは 1 試合平均で約 1 〜 2 点という大きなものに。これを後ろ盾に無理のない投手陣の運用を実現させ、安定した戦いぶりで連覇。DeNA はオーナー企業が変わってから初の 3 位となる。パは MLB 挑戦で大谷翔平を失った日本ハムがリセッションに向かう中、ソフトバンクが柳田悠岐と厚みのある投手陣の力で 2 年ぶりの優勝。西武はリーグトップの得点力を記録し 2 位に浮上する。

PACIFIC

チーム成績

球団	勝	敗	分	勝率	得失点差	平均得点	前年差	平均失点	前年差
H	94	49	0	.657	155	4.46	0.01	3.38	0.03
L	79	61	3	.564	130	4.83	0.50	3.92	-0.40
E	77	63	3	.550	57	4.09	0.29	3.69	-0.88
Bs	63	79	1	.444	-59	3.77	0.28	4.18	-0.26
F	60	83	0	.420	-87	3.56	-0.77	4.17	0.90
M	54	87	1	.383	-168	3.35	-0.73	4.52	0.45

打撃貢献上位

選手	球団	WRAA	打席	WOBA	WRC+	打率	出塁率	長打率
柳田 悠岐	H	53.6	551	.435	190	.310	.426	.589
秋山 翔吾	L	43.9	659	.409	161	.322	.398	.536
T-岡田	Bs	28.7	593	.382	144	.266	.374	.488
A・デスパイネ	H	26.2	545	.374	144	.262	.347	.513
西川 遥輝	F	23.7	623	.363	134	.296	.378	.416

投球貢献上位

種別	選手	球団	RAR	投球回	K%	BB%	HR/9	tRA
	則本 昂大	E	70.2	185.2	29.6	6.4	0.53	2.28
	菊池 雄星	L	62.3	187.2	29.5	6.7	0.77	2.96
先	岸 孝之	E	48.5	176.1	26.9	5.4	0.97	3.18
	野上 亮磨	L	46.3	144.0	19.6	4.2	0.63	2.99
	美馬 学	E	40.9	171.1	19.6	4.8	0.95	3.50
救	D・サファテ	H	34.3	66.0	42.9	4.2	0.41	0.83

守備貢献上位

位置	①	球団	UZR	②	球団	UZR
C	田村 龍弘	M	1.8	嶋 基宏	E	1.8
1B	内川 聖一	H	5.0	銀次	E	2.6
2B	銀次	E	2.9	浅村 栄斗	L	1.8
3B	中村 奨吾	M	6.6	松田 宣浩	H	5.2
SS	源田 壮亮	L	21.5	安達 了一	Bs	11.6
LF	中村 晃	H	13.2	岡島 豪郎	E	10.1
CF	秋山 翔吾	L	9.9	駿太	Bs	5.5
RF	上林 誠知	H	9.1	松本 剛	F	4.7

CENTRAL

チーム成績

球団	勝	敗	分	勝率	得失点差	平均得点	前年差	平均失点	前年差
C	88	51	4	.633	196	5.15	0.37	3.78	0.30
T	78	61	4	.561	61	4.12	0.58	3.69	-0.13
DB	73	65	5	.529	-1	4.17	0.17	4.18	0.07
G	72	68	3	.514	32	3.75	0.12	3.52	-0.28
D	59	79	5	.428	-136	3.41	-0.09	4.36	0.35
S	45	96	2	.319	-180	3.31	-0.84	4.57	-0.18

打撃貢献上位

選手	球団	WRAA	打席	WOBA	WRC+	打率	出塁率	長打率
丸 佳浩	C	43.9	651	.400	149	.308	.398	.505
鈴木 誠也	C	37.6	512	.408	154	.300	.389	.547
C・マギー	G	35.7	586	.396	143	.315	.382	.514
筒香 嘉智	DB	35.6	601	.397	141	.284	.396	.513
A・ゲレーロ	D	32.3	510	.388	145	.279	.333	.563

投球貢献上位

種別	選手	球団	RAR	投球回	K%	BB%	HR/9	tRA
	菅野 智之	G	64.5	187.1	24.0	4.3	0.48	2.56
	M・マイコラス	G	64.4	188.0	25.1	3.1	0.48	2.57
先	R・メッセンジャー	T	40.8	143.0	26.1	7.4	0.31	2.83
	田口 麗斗	G	35.2	170.2	17.2	6.9	0.74	3.79
	大瀬良 大地	C	32.1	145.2	17.7	7.0	0.74	3.67
救	山崎 康晃	DB	25.1	65.2	32.3	5.0	0.41	2.07

守備貢献上位

位置	①	球団	UZR	②	球団	UZR
C	小林 誠司	G	3.2	中村 悠平	S	2.2
1B	J・ロペス	DB	8.2	新井 貴浩	C	2.3
2B	菊池 涼介	C	3.2	山田 哲人	S	-1.6
3B	宮﨑 敏郎	DB	11.5	安部 友裕	C	9.7
SS	坂本 勇人	G	10.6	京田 陽太	D	6.8
LF	松山 竜平	C	3.0	筒香 嘉智	DB	-2.8
CF	桑原 将志	DB	17.7	丸 佳浩	C	17.1
RF	梶谷 隆幸	DB	2.9	鈴木 誠也	C	2.3

2018

西武が圧倒的攻撃力で制覇。広島は３連覇も丸流出。

西武は山川穂高、浅村栄斗、秋山翔吾、森友哉ら強打者が居並ぶ打線の力で、ソフトバンクの連覇を阻止し 10 年ぶりに優勝。その陰に隠れたが菊池雄星、多和田真三郎といった軸となる先発投手もイニングを伸ばし貢献した。セは広島が他球団との差を狭められながらも３連覇を果たす。しかし、オフにリーグトップの打撃貢献を見せた丸佳浩の巨人への FA 移籍が決定。大きな戦力ダウンを余儀なくされた。

PACIFIC

チーム成績

球団	勝	敗	分	勝率	得失点差	平均得点	前年差	平均失点	前年差
L	88	53	2	.624	139	5.54	0.71	4.57	0.65
H	82	60	1	.577	106	4.79	0.33	4.05	0.67
F	74	66	3	.529	3	4.12	0.56	4.10	-0.07
Bs	65	73	5	.471	-27	3.76	-0.01	3.95	-0.23
M	59	81	3	.421	-94	3.73	0.38	4.39	-0.13
E	58	82	3	.414	-63	3.64	-0.45	4.08	0.39

打撃貢献上位

選手	球団	WRAA	打席	wOBA	wRC+	打率	出塁率	長打率
柳田 悠岐	H	66.3	550	.470	207	.352	.431	.661
山川 穂高	L	46.5	647	.422	163	.281	.396	.590
吉田 正尚	Bs	46.2	598	.419	168	.321	.403	.553
秋山 翔吾	L	40.9	685	.407	153	.323	.403	.534
浅村 栄斗	L	31.9	640	.395	144	.310	.383	.527

投球貢献上位

種別	選手	球団	RAR	投球回	K%	BB%	HR/9	tRA
先	則本 昂大	E	54.2	180.1	24.6	6.7	0.90	3.16
	菊池 雄星	L	54.0	163.2	23.4	6.9	0.88	3.20
	上沢 直之	F	43.2	165.1	22.5	5.7	0.82	3.32
	多和田真三郎	L	42.5	172.2	14.0	6.4	0.63	3.88
	岸 孝之	E	38.6	159.0	25.4	4.6	1.19	3.74
救	松井 裕樹	E	21.1	66.2	32.4	10.3	0.54	2.31

守備貢献上位

位置	①	球団	UZR	②	球団	UZR
C	甲斐 拓也	H	7.9	田村 龍弘	M	3.1
1B	山川 穂高	L	5.1	井上 晴哉	M	4.6
2B	中村 奨吾	M	6.5	浅村 栄斗	L	5.2
3B	松田 宣浩	H	13.5	B・レアード	F	2.1
SS	源田 壮亮	L	30.9	安達 了一	Bs	9.4
LF	島内 宏明	E	17.3	金子 侑司	L	13.0
CF	西川 遥輝	F	6.2	田中 和基	E	5.5
RF	上林 誠知	H	14.0	大田 泰示	F	13.3

CENTRAL

チーム成績

球団	勝	敗	分	勝率	得失点差	平均得点	前年差	平均失点	前年差
C	82	59	2	.582	70	5.04	-0.11	4.55	0.77
S	75	66	2	.532	-7	4.60	1.29	4.65	0.08
G	67	71	5	.486	50	4.37	0.62	4.02	0.50
DB	67	74	2	.475	-70	4.00	-0.17	4.49	0.31
D	63	78	2	.447	-56	4.18	0.77	4.57	0.21
T	62	79	2	.440	-51	4.03	-0.09	4.39	0.70

打撃貢献上位

選手	球団	WRAA	打席	wOBA	wRC+	打率	出塁率	長打率
丸 佳浩	C	63.2	566	.467	182	.306	.468	.627
D・ビシエド	D	53.6	582	.432	166	.348	.419	.555
鈴木 誠也	C	52.0	520	.453	172	.320	.438	.618
山田 哲人	S	47.4	637	.438	151	.315	.432	.582
岡本 和真	G	42.0	616	.415	146	.309	.394	.541

投球貢献上位

種別	選手	球団	RAR	投球回	K%	BB%	HR/9	tRA
先	菅野 智之	G	75.7	202.0	25.0	4.6	0.62	2.97
	東 克樹	DB	54.9	154.0	24.8	7.6	0.76	3.29
	D・ブキャナン	S	44.8	174.1	12.6	7.1	0.88	4.39
	大瀬良 大地	C	40.7	182.0	21.9	5.6	1.09	4.06
	R・メッセンジャー	T	40.6	173.2	20.5	8.0	0.67	3.76
救	石山 泰稚	S	24.6	73.2	20.9	5.1	0.73	3.46

守備貢献上位

位置	①	球団	UZR	②	球団	UZR
C	梅野 隆太郎	T	3.0	中村 悠平	S	2.5
1B	D・ビシエド	D	-0.7	J・ロペス	DB	-1.6
2B	菊池 涼介	C	9.8	山田 哲人	S	8.7
3B	大山 悠輔	T	1.2	C・マギー	G	-2.6
SS	坂本 勇人	G	10.0	京田 陽太	D	5.9
LF	野間 峻祥	C	2.7	A・ゲレーロ	G	-7.4
CF	大島 洋平	D	11.9	桑原 将志	DB	9.7
RF	平田 良介	D	11.9	亀井 善行	G	5.0

2019

補強成功の巨人がV奪還。西武も接戦制し連覇。

3シーズンにわたり広島の後塵を拝していた巨人が丸佳浩、山口俊ら補強戦力の力を生かし優勝。広島は得点力の低下が響き4位に沈んだ。そのほかにもDeNAが2位に入るなどパワーバランスが変化するシーズンに。パは柳田悠岐の長期の欠場などが響き得点力を落としたソフトバンクを西武が上回り連覇達成。オリックスは5年連続のBクラスに沈むも山本由伸と山岡泰輔という傑出した投手が台頭した。

PACIFIC

チーム成績

球団	勝	敗	分	勝率	得失点差	平均得点	前年差	平均失点	前年差
L	80	62	1	.563	61	5.29	-0.25	4.86	0.29
H	76	62	5	.551	18	4.07	-0.72	3.94	-0.11
E	71	68	4	.511	36	4.29	0.65	4.04	-0.04
M	69	70	4	.496	31	4.49	0.76	4.27	-0.12
F	65	73	5	.471	-26	3.92	-0.20	4.10	0.00
B	61	75	7	.449	-93	3.80	0.04	4.45	0.50

打撃貢献上位

選手	球団	WRAA	打席	WOBA	WRC+	打率	出塁率	長打率
森 友哉	L	40.7	573	.419	162	.329	.413	.547
J・ブラッシュ	E	37.0	527	.409	162	.261	.397	.540
山川 穂高	L	35.6	626	.401	150	.256	.372	.540
浅村 栄斗	E	33.3	635	.387	146	.263	.372	.507
秋山 翔吾	L	32.4	678	.390	142	.303	.392	.471

投球貢献上位

種別	選手	球団	RAR	投球回	K%	BB%	HR/9	tRA
先	千賀 滉大	H	57.6	180.1	30.2	10.0	0.95	3.36
	山本 由伸	B	49.9	143.0	23.0	6.5	0.50	2.71
	山岡 泰輔	B	43.2	170.0	22.0	6.4	0.85	3.57
	有原 航平	F	42.7	164.1	25.2	6.3	0.77	3.45
	高橋 礼	H	27.8	143.0	12.5	8.4	0.63	4.50
救	松井 裕樹	E	28.5	69.2	39.5	8.9	0.65	1.96

守備貢献上位

位置	①	球団	UZR	②	球団	UZR
C	若月 健矢	H	3.8	甲斐 拓也	H	3.0
1B	内川 聖一	H	18.3	銀次	E	4.3
2B	中村 奨吾	M	8.9	外崎 修汰	L	8.2
3B	B・レアード	M	0.3	Z・ウィーラー	E	-0.5
SS	源田 壮亮	L	23.2	中島 卓也	F	15.8
LF	金子 侑司	L	19.6	島内 宏明	E	9.0
CF	辰己 涼介	E	9.7	秋山 翔吾	L	-3.8
RF	大田 泰示	F	6.1	上林 誠知	H	2.3

CENTRAL

チーム成績

球団	勝	敗	分	勝率	得失点差	平均得点	前年差	平均失点	前年差
G	77	64	2	.546	90	4.64	0.27	4.01	-0.01
DB	71	69	3	.507	-15	4.17	0.17	4.27	-0.22
T	69	68	6	.504	-28	3.76	-0.27	3.96	-0.43
C	70	70	3	.500	-10	4.13	-0.91	4.20	-0.35
D	68	73	2	.482	19	3.94	-0.24	3.80	-0.77
S	59	82	2	.418	-83	4.59	-0.01	4.59	0.50

打撃貢献上位

選手	球団	WRAA	打席	WOBA	WRC+	打率	出塁率	長打率
鈴木 誠也	C	59.5	612	.446	174	.335	.453	.565
山田 哲人	S	46.4	641	.418	152	.271	.401	.560
坂本 勇人	G	46.1	639	.424	152	.312	.396	.575
D・ビシエド	D	36.6	594	.384	143	.315	.374	.496
N・ソト	DB	30.5	584	.394	135	.269	.348	.554

投球貢献上位

種別	選手	球団	RAR	投球回	K%	BB%	HR/9	tRA
先	山口 俊	G	64.4	170.0	26.7	8.5	0.42	2.96
	今永 昇太	DB	50.8	170.0	27.2	8.2	0.95	3.42
	西 勇輝	T	39.8	172.1	16.0	5.1	0.63	3.79
	K・ジョンソン	C	37.8	156.2	20.3	8.7	0.69	3.68
	菅野 智之	G	33.4	136.1	20.8	5.5	1.32	4.10
救	P・ジョンソン	T	28.0	58.2	40.6	5.8	0.31	1.36

守備貢献上位

位置	①	球団	UZR	②	球団	UZR
C	梅野 隆太郎	T	6.2	中村 悠平	S	2.3
1B	村上 宗隆	S	4.3	D・ビシエド	D	3.9
2B	阿部 寿樹	D	10.7	菊池 涼介	C	4.9
3B	大山 悠輔	T	7.9	高橋 周平	D	5.6
SS	京田 陽太	D	16.6	大和	DB	4.3
LF	西川 龍馬	C	3.9	A・ゲレーロ	G	-4.4
CF	神里 和毅	DB	10.9	丸 佳浩	G	8.6
RF	平田 良介	D	10.5	鈴木 誠也	C	9.2

2020

コロナ禍の変則シーズンを地力ある2球団が制す。

新型コロナウイルスの感染拡大で短縮＆過密日程が組まれ、運用面の徹底が問われることに。パは戦力の優位を生かしたソフトバンクが2017年以来、この10年で5度目となる優勝。セも巨人が同じくこの10年で5度目となる優勝を果たす。最下位となったヤクルトは3年目の村上宗隆が成長。山田哲人との長期契約も結び浮上に向けたピースを手に。ロッテはディフェンス面を改善し4年ぶりのAクラス入り。

PACIFIC

チーム成績

球団	勝	敗	分	勝率	得失点差	平均得点	前年差	平均失点	前年差
H	73	42	5	.635	142	4.43	0.36	3.24	-0.70
M	60	57	3	.513	-18	3.84	-0.65	3.99	-0.28
L	58	58	4	.500	-64	3.99	-1.30	4.53	-0.33
E	55	57	8	.491	35	4.64	0.35	4.35	0.31
F	53	62	5	.461	-35	4.11	0.19	4.40	0.30
B	45	68	7	.398	-60	3.68	-0.12	4.18	-0.27

打撃貢献上位

選手	球団	WRAA	打席	WOBA	WRC+	打率	出塁率	長打率
柳田 悠岐	H	59.0	515	.462	205	.342	.449	.623
近藤 健介	F	41.2	467	.419	181	.340	.465	.469
浅村 栄斗	E	39.8	529	.420	169	.280	.408	.560
西川 遥輝	F	29.3	523	.379	151	.306	.430	.396
L・マーティン	M	23.9	448	.388	149	.234	.382	.485

投球貢献上位

種別	選手	球団	RAR	投球回	K%	BB%	HR/9	tRA
	山本 由伸	B	48.7	126.2	30.2	7.5	0.43	2.31
	千賀 滉大	H	44.9	121.0	29.6	11.3	0.30	2.54
先	D・バーヘイゲン	F	33.2	111.2	25.3	6.4	0.56	2.87
	二木 康太	M	32.7	92.2	21.9	3.3	0.68	2.77
	美馬 学	M	29.9	123.0	17.0	4.8	0.66	3.74
救	L・モイネロ	H	20.7	48.0	39.9	13.0	0.19	1.79

守備貢献上位

位置	①	球団	UZR	②	球団	UZR
C	甲斐 拓也	H	4.8	宇佐見 真吾	F	1.3
1B	中村 晃	H	3.2	銀次	E	1.9
2B	外崎 修汰	L	15.1	大城 滉二	B	6.4
3B	鈴木 大地	E	3.2	松田 宣浩	H	2.3
SS	源田 壮亮	L	18.0	中島 卓也	F	6.3
LF	菅野 剛士	M	10.9	島内 宏明	E	7.8
CF	柳田 悠岐	H	3.5	金子 侑司	L	2.4
RF	大田 泰示	F	16.1	L・マーティン	M	2.4

CENTRAL

チーム成績

球団	勝	敗	分	勝率	得失点差	平均得点	前年差	平均失点	前年差
G	67	45	8	.598	111	4.43	-0.21	3.51	-0.50
T	60	53	7	.531	34	4.12	0.36	3.83	-0.13
D	60	55	5	.522	-60	3.58	-0.36	4.08	0.28
DB	56	58	6	.491	42	4.30	0.13	3.95	-0.32
C	52	56	12	.481	-6	4.36	0.23	4.41	0.21
S	41	69	10	.373	-121	3.90	-0.69	4.91	-0.26

打撃貢献上位

選手	球団	WRAA	打席	WOBA	WRC+	打率	出塁率	長打率
鈴木 誠也	C	42.4	514	.423	160	.300	.409	.544
村上 宗隆	S	40.2	515	.431	156	.307	.427	.585
丸 佳浩	G	32.0	491	.406	145	.284	.375	.553
青木 宣親	S	31.9	425	.429	153	.317	.424	.557
大山 悠輔	T	31.2	471	.399	146	.288	.357	.560

投球貢献上位

種別	選手	球団	RAR	投球回	K%	BB%	HR/9	tRA
	大野 雄大	D	48.4	148.2	26.5	4.1	0.79	2.72
	菅野 智之	G	46.8	137.1	24.6	4.7	0.52	2.93
先	森下 暢仁	C	40.4	122.2	25.6	6.6	0.44	2.84
	西 勇輝	T	35.6	147.2	19.8	4.8	0.91	3.49
	九里 亜蓮	C	30.0	130.2	19.5	8.1	0.76	3.72
救	石山 泰稚	S	18.5	44.2	31.2	5.9	0.40	2.14

守備貢献上位

位置	①	球団	UZR	②	球団	UZR
C	木下 拓哉	D	4.2	坂倉 将吾	C	0.7
1B	D・ビシエド	D	6.0	村上 宗隆	S	4.3
2B	吉川 尚輝	G	10.6	菊池 涼介	C	6.3
3B	岡本 和真	G	14.5	高橋 周平	D	8.7
SS	京田 陽太	D	10.1	坂本 勇人	G	10.0
LF	青木 宣親	S	15.2	佐野 恵太	DB	-2.9
CF	近本 光司	T	19.0	大島 洋平	D	-0.7
RF	松原 聖弥	G	9.5	鈴木 誠也	C	-0.1

横浜 DeNA ベイスターズの 「8番投手」 の効果検証

佐藤 文彦

　アレックス・ラミレス氏は 2020 年をもって横浜 DeNA ベイスターズの監督を退任することとなった。ラミレス氏は話題となる采配を度々見せたが、投手を 8 番打者に置く起用法もそのひとつといえるだろう。本稿の目的は、この起用法の効果を検証することである。

1.　歴史的背景

　投手を 8 番打者に置く起用法の効果を検証する前に、歴史的な背景を確認しておきたい。「8 番投手」はラミレス氏が最初に始めたわけではなく、以前より試されてきた策である。日本プロ野球 RCAA & PitchingRun まとめ blog の『「8 番投手」は珍しいのか? 投手打順の歴史[1]』によれば、NPB では 1980 年代以前には 8 番投手の起用が一定数行われていた。しかしながら、1990 年代以降はほとんど見られなくなっている。現代では廃れてしまっていた起用法といえるだろう。

2．理論的背景

　8 番投手の起用法は、単に埃をかぶっていた起用法を物置から出してきたというわけではない。効果を期待できる理論的な背景も存在する。Tom Tango, Mitchel Lichtman, Andrew Dolphin らが執筆した書籍 "The Book: Playing the Percentages in Baseball" [2]では、投手の打順を 1 番から 9 番まで変えていった場合の 1 試合あたりの得点をシミュレートした値が掲載されている。表 1 にこの値を示す。

■ 表 1　投手の打順別の推定得点

投手打順	得点
1 番	4.774
2 番	4.754
3 番	4.765
4 番	4.752
5 番	4.795
6 番	4.805
7 番	4.838
8 番	4.847
9 番	4.835

それぞれの打順で平均的な打撃力の打者を想定し投手の打順を入れ替えていった場合、1試合あたりの得点の最高値は投手を8番に置いた場合となり、9番に投手を置くよりも高い。

この理由としては、打撃能力の高い1番打者以降の上位打線の前の9番の打者に、投手よりも出塁能力の高い野手を置くことで、得点が高まっていると考えられる。この得点増効果が、8番に入れることによる投手の打席の増加によるマイナスの効果を加えても「黒字」になっているということである。こうした根拠の存在からは、8番投手はラミレス氏が突然思いついたものではなく、本人やDeNA首脳陣らがこの効果を生かすために採用した可能性のほうが高いようにも思われる。

3．効果の検証

8番投手については、その効果を検証した記事もある。2020年のシーズンにおいて、9月20日の時点で消化した80試合の37.5％にあたる30試合で行われ、勝率.552（16勝13敗1分）であること、投手を9番に置いたケースの勝率.478（22勝24敗4分）を上回っていたという[3]。

この記事を見れば8番投手の効果はあったといえるが、データの見方に問題がある。効果があったかどうかを判定するデータが「勝敗」であるという点である。8番投手は攻撃面での戦術であり、たとえ高い得点をあげても、守備での失点がこれを上回ってしまえば、効果がなかったことになってしまう。勝利という結果を目指すことが野球の目的ではあるが、この結果には様々な要因が影響してくる。

8番投手のような起用法の効果を見ようとするとき、こうした様々な要因は見ようとする効果を歪める要因として作用してしまう。本当は効果があるのにデータ上は効果がないように見える。もしくは、本当は効果がないのにデータ上は効果があるように見える──といったことが起こってしまう。こうしたリスクを避けるためには、条件を整理した上でデータを見ていく必要がある。

[1] https://ranzankeikoku.blog.fc2.com/blog-entry-2451.html
[2] Tom Tango, Mitchel Lichtman, Andrew Dolphin, The Book: Playing the Percentages in Baseball., CreateSpace Independent Publishing Platform, 2014., p151.
[3] https://full-count.jp/2020/09/21/post906315/

4．条件の整理

では、どのように条件を整理したらよいだろうか。8番投手は攻撃時の起用法であるため、勝敗よりも得点について見るのが妥当だろう。しかし、単純に得点を見るだけでは、まだ不十分である。今回は、以下に示す2つの除外条件を設けた。

① 試合開始から打順が一周するまでの記録は分析に含まない
② 打順一周する中に投手がいない場合は分析に含まない

ひとつは、理論的背景であったように、8番投手の効果は9番が打席に立った後の上位打線から生じるものだからである。一周目の上位打線には8番投手の効果はそもそも影響していないので、分析にあたって除く必要がある。

次に、この効果は8番に投手を置くことで投手の打席が増えるマイナスの効果を、9番以降の上位打線のプラスで取り返すものである。したがって、打線の中に投手がいる必要があると考える。投手に代打が送られた場合、また数としては少ないが、パ・リーグがホームゲームの交流戦では指名打者が起用される（2020年に交流戦はなかったが）。こうした打順と試合は、8番投手の効果を検証するには分析の対象外とした。

上記の条件から、今回は「打順が一周する間の得点」を対象に、これを8番投手時と9番投手時で比較した。打順が一周する範囲は、図1に示すように9番投手は1番から9番、8番投手は9番から8番までとした。

厳密にいえば、比較を行う8番投手と9番投手の打線を構成する選手は同じで、8番と9番の打順だけ入れ替わっているべきである。しかし、これを厳守しようとすると、得られるサンプルが極端に少なくなってしまうことから、今回は打線を構成する選手は条件に含まなかった。

打順	9番投手	打順
8番		投手
9番	投手	9番
1番	1番	1番
2番	2番	2番
3番	3番	3番
4番	4番	4番
5番	5番	5番
6番	6番	6番
7番	7番	7番
8番	8番	投手
9番	投手	
1番		
2番		

■図1　分析対象

5．8番投手と9番投手の得点の比較

　DeNA が 8 番投手を導入した 2017 年以降の 8 番投手時と 9 番投手時の打順の一周分、打者 9 人による得点の合計値をシーズンごとに比較を行った。2018 年は 9 番投手の採用はなかったため 8 番投手のみの結果となる。結果を図 2 に示す。

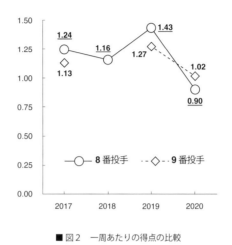

■ 図2　一周あたりの得点の比較

　8 番投手は○の実線で、9 番投手は◇の破線で表している。2018 年は 9 番投手の記録がないため、2017 年については破線がつながっておらず◇のみプロットされている。図には、それぞれの得点の値をラベルで表示している、アンダーバーがついているのが 8 番投手の得点である。

　2018 年は 9 番投手との比較ができないが、2017 年と 2019 年は 8 番投手の得点力が上回り、2020 年は下回る結果となった。この結果からは、8 番投手による得点増の効果は認められたが、2020 年に限ってはその効果が認められなかったといえる。

6．なぜ 2020 年には効果が認められなかったか？

　8番投手の効果は、2017 年と 2019 年で一応確認できたといえる。では、なぜ
2020 年は効果が認められなかったのだろうか。今後8番投手を導入するかどうか
を判断する際、この原因が何であるかは重要な問題である。理論的な背景からは、
8番投手が機能しない理由としては以下の2点が考えられる。

① 9番打者の出塁能力が不足していた。
② 1番以降の得点能力（打撃成績）が不足していた。

　こうした8番投手の前提が機能しなければ、効果は認められないだろう。これを
確認するために、まずは9番打者の出塁率を比較したものを以下の図3－1に示す。

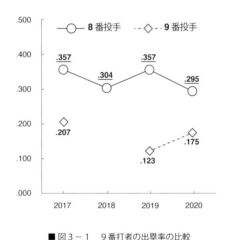

■図3－1　9番打者の出塁率の比較

　図の見方は図2と同じである。全体の傾向として9番に野手が入って打席に立つ
8番投手のときのほうが出塁率が高い。そして、8番投手時の9番打者の出塁率
は 2020 年が最も低いが、他のシーズンと比較して特別低いわけではなく、2018
年とそれほど変わらない。2020 年の9番打者の出塁能力が特別に低いとはいえな
いデータである。
　続いて、1番打者の得点能力として OPS を比較したデータを図3－2に示す。

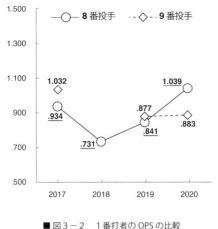

■ 図3−2　1番打者の OPS の比較

　こちらは、2020 年の 1 番打者の OPS が高く、2017 年と 2019 年は 9 番投手時の 9 番打者のほうが OPS が高い。2020 年の 1 番打者の得点能力が低いとはいえない結果である。

　次に、1 番打者のみの得点能力を見るのではなく、範囲を広げて上位打線（1 番から 4 番）の得点増加[4]を確認した。結果を図 4 − 1 に示す。

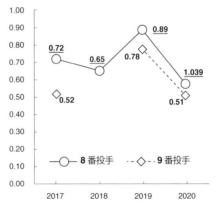

■ 図4−1　1〜4番による得点の比較

[4]　打席結果で生まれた得点を意味する。打点と失策などで生まれた得点の合計。以下も同じ。

この結果より、2020年も9番投手との差は小さいものの、全てのシーズンで8番投手の得点が高いことがわかる。上位打線を見れば2020年も効果があったといえる結果である。

ただし、先述したように8番投手の効果は上位打線のみを対象とするのでは不十分である。8番に投手を置くことによる投手の打席増、野手を9番に置く打席の減少による得点のマイナスの影響も確認する必要がある。そこで、8番と9番による得点増加を比較した。結果を図4-2に示す。

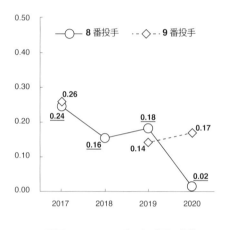

■図4-2　8・9番による得点の比較

8番投手は9番投手と比較して得点増加が鈍化することを予想したが、予想に反して、2017年は得点がほとんど変わらず、2019年はむしろ8番投手時の得点が高い。一方、2020年の8番投手時の得点が低いことがわかった。図4-1と図4-2で見た8番投手時と9番投手時の得点の差をまとめると図4-3のようになる。

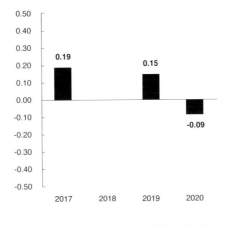

■ 図4-3　8番投手と9番投手の得点差

　2017年と2019年は8番投手時は9番投手時よりも得点はプラスに、2020年はマイナスという結果となった。これは図2で示した傾向と同じではあるが、2020年のマイナスの原因が図4-2の8番と9番による得点不足による影響が大きいといえるだろう。

　ただし、8番と9番打者のOPSを確認したところ、図5に示すように2020年のOPSが特に低いということがないことも確認された。OPSが低いわけではないのに、得点が少ないというのは、一過的な成績の偏りによるものである可能性が考えられる。

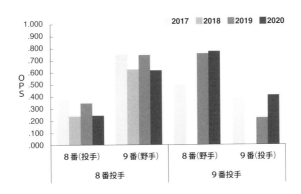

■ 図5　8・9番打者のOPSの比較

7．8番投手に効果はあったのか？

　以上の分析結果から、8番投手に得点増の効果はあったといってよいのではないだろうか。"The Book" ではシミュレーションによって確認された効果が、今回は実戦に導入した成果を確認できた意義は大きい。

　効果の大きさとしては、打順が1周する間に +0.1 点以上の程度の効果があるといえる。NPB における1試合の平均打席数は例年 38 打席程度だが、1試合分の効果を試算する際に単純に 38/9 倍はできない。最初の1周分を効果に含まず、投手の降板による代打の投入も考慮する必要があるからである。こうした要素を除けば、8番投手の効果は打順の2周目と3周目くらいだろう。最近は先発の降板も早いので2周目のみの試合も多いかもしれない。これを踏まえて1試合あたり8番投手の効果を 0.2 点と見積もっても、140 試合に換算すれば 28 点のプラスとなる。+10 点でだいたい1勝分に換算すれば 2.8 勝分の効果といえる。

　年間 2.8 勝分の上積み効果を大きいと感じるか小さいと感じるかは人によるかもしれないが、WAR（Wins Above Replacement）で +2.8 と考えると、選手の評価が2ランク以上アップする。打順を入れ替えることで、野手の1人が2ランク上の選手になる効果が得られるというのであれば、これは無視できる効果ではないだろう。

　ただし、これは少々景気のよい見立てというもので、2020 年の結果にもあるように、8番と9番打者の得点が振るわないといった一過的な要因によって相殺されてしまうリスクがあるのも確かである。

　また、図4－1を見ると、2020 年は8番投手と9番投手の両方で 2019 年より大きく得点を落としており、かつ8番投手と9番投手の得点差が最も小さい。得点減については、筒香嘉智選手(現レイズ)の退団の影響と見るのが妥当だろう。そして、筒香選手の退団のようなかたちで上位打線が力を失うようなことがあれば、8番投手の効果も小さくなる可能性が考えられる。

　このように、8番投手による得点増の効果はあるが、必ず機能することが約束された起用法ではなく、上記のような要因によって抑えられてしまう可能性もあるものだといえる。

9．2021 年に 8 番投手を導入するチームはあるか？

2021 年より DeNA の指揮は新たに三浦大輔監督が取ることになる。ラミレス氏の路線を継続し8番投手を続けるのか、それとも新たに自分の色を出したチームにするのか、これは見どころといえるだろう。

今回の分析結果からは、8番投手の起用法の採用を止める理由はない。他チームも採用を検討してもよいと考える。ただし、8番投手は大きな効果が期待できる作戦というよりは、ある程度の期間運用して利得を積み上げていくものである。利得を得るためにある程度時間が必要なのは、どんな強打者を擁するチームであっても同じである。勝負事に魔法はなく、チームは選手の編成を終えてしまえば、後にできるのは適切なコンディション管理と、細かな選手起用や戦術で生まれる小さなアドバンテージを積み重ねていくことである。8番投手もこの小さなアドバンテージの1つであるが、シーズンを戦っていく上では軽視してはいけないものでもあるようだ。

タイブレーク制度の本格導入に向けて

道作

　2020 年シーズンになって、感染症対策のためとはいえ、ついに MLB におい
てもタイブレーク制度が導入されることとなった。これに対応して、早くも多く
の傾向と対策レポートが発表されているのは興味深い。食いつきの早さという
点で、実に MLB らしいところではある。本邦においては主に中学野球や少年野
球でかなり昔から「促進ルール」の名で親しまれてきたルールだが、この状況に
特化した戦術などはあまり発表されていない。

　タイブレークの形態は特に公式ルールに定められたものではないため、トー
ナメントの主催者がローカルルールとして独自に定めることになる。結果、実
施されるトーナメントやリーグで形態は大きく異なる現状にある。MLB では「無
死二塁」から開始される運用となっており、MLB 界隈で発表された戦術はあくま
で無死二塁からの考察になっている。このため、本稿では国際試合や日本の高
校野球で行われる「無死一二塁」のケースを中心に戦術選択について考えてみた
い。

1．戦術構築前の現状認識

　まず最初に、タイブレークが通常と異なるのは両者に複数走者からの攻撃が約束
されている点だ。通常ならば延長戦で 1 得点を挙げることができれば、 4 回に 3
回は勝ちとなる。相手方に与えられる無死無走者からの攻撃では、 4 回に 1 回程度
（NPB における過去 3 年間の無死無走者からの得点確率は 25％）の得点しか得
ることができないためだ。しかし、ともに複数走者からの攻撃となれば 1 点を挙げる
だけでは不足で、勝利の確率が高まる得点が何点なのかが問題になってくる。

　目安として、2013 年以後 7 年間の無死一二塁からの得点期待値である「1.398」
は、まず参考にできるだろう。同局面では概ね 1.4 点程度の得点が期待できるとい
うことで、一般的なイメージとはそう大きな開きはないと考えられる。

　ここから考えると、タイブレークで奪えた得点が 2 点ならばかなり有望であり、 1
点であれば少々苦しいということになるだろう。

　次に問題となるのは、イニング終了時に得点差ができれば即試合終了となることだ。1イニングごとの収支が決着に直結してしまうことから、得点期待値ではなく9回以後の数値として残された勝利期待値が問題となってくる。

　状況別の勝利期待値と得点期待値については、基本的に MLB の過去 63 年の数値を使用する。得点数・頻度が現代の NPB とあまり変わらない上に、十分なサンプル数が得られた堅い数字であるためだ。無死二三塁など、状況によっては出現頻度が低いものがあり、長いスパンの蓄積がない NPB の数字だけでは特に勝利期待値に数字のゆらぎが大きいと判断した。無死一二塁など、24 の局面からそれぞれ記録された得点の出現確率も使用するが、必要に応じて近年の NPB の記録も採用する。

　まず得点 0 を攻撃の失敗と考えることについて異論はないだろう。均衡を破る得点を入れる目的で、ルール上あり得ない走者を 2 人もらっての無得点である。回の表でこれをやってしまった場合、裏の攻撃を失敗させなければ生き残ることができない。また、3 失点は防衛の失敗と言いきっていいだろう。タイブレーク目的で与えられた 2 人の走者以外で、1 人以上の走者を出し、その走者に本塁を踏まれているのだ。通常ルールの延長戦で 1 点を奪われるのと変わりなく、普通は負けになるところである。

　また、新たに生まれた走者に生還を許しているのだから、最初に塁上にいた 2 人の走者がどの塁にいたのかは、結果から見ると無意味になっており、進塁を防ぐための様々な戦術も結果的に意味を失ったことになる。結局、表の攻撃であれば 0 得点を避けなければならないし、守備なら 3 失点を許してはならない。基本的に相手の得点が定まって、それに対応した戦術が確定するのは裏の攻防になる。

2．無死一二塁一般について

　まず、無死一二塁はじめ関連局面からの得点結果を表 1 にまとめた。

■表1　当該状況を迎えてからイニング終了までに得点が記録される確率（NPB/2015-2019）

状況	無死一二塁	無死二三塁	1 死一二塁	1 死二三塁	1 死二塁
0 点	39.6%	17.2%	58.8%	34.5%	60.7%
1 点	21.9%	26.6%	16.4%	24.9%	22.9%
2 点	**16.2%**	**28.9%**	**10.2%**	**23.7%**	**9.2%**
3 点以上	**22.2%**	**27.4%**	**14.6%**	**16.9%**	**7.2%**

　初回から延長回まで、すべての機会の合算であるため、NPB も信頼できるサンプル数にはなっている。これによると一般的な攻撃の結果、この状況から 2 得点を挙げることは意外に難しいことがわかる。そればかりか、MLB で 38.1 ％、NPB で 39.6 ％が無得点に終わっているのだ。1 得点以下で終了してしまう可能性も MLB が 61.9 ％に NPB が 61.5 ％と、守備側がかなり健闘している印象である。

　ただし、1 得点のケースと 2 得点のケースの出現可能性にそれほど大きな隔たりはなく、「3 得点以上」のケースが 1 得点のケースよりも多いところからは、攻守双方にとってコントロールの難しい局面である事実もうかがえる。いずれにしても 1 得点と 2 得点が勝率 5 割を挟むラインとなる。

　ここで目を向けたいのは、無死一二塁と 1 死二三塁の比較であろう。アウト 1 つを渡して 2 人同時に進塁させるのは利益があるのか、戦術が最も大きく介在するのはこの部分である。結果は無死一二塁から通常の攻撃をした場合、無得点が 39.6 ％、1 得点が 21.9 ％、2 得点以上が 38.5 ％。1 死二三塁の場合は無得点が 34.5 ％、1 得点が 24.9 ％、2 得点以上が 40.6 ％。

　そして、1 点ビハインドの場合に予想されるサドンデス勝率は無死一二塁が 0.494 に対して 1 死二三塁が 0.530 となっている（表 2）。

■表2　NPB においてイニング終了までに予想される得点から予想される勝率（NPB/2015-2019）

状況	無死一二塁	無死二三塁	1 死一二塁	1 死二三塁	1 死二塁
1 点ビハインド	0.494	0.695	0.330	0.530	0.279
2 点ビハインド	0.304	0.418	0.146	0.287	0.118

※算出は例えば無死一二塁なら 1 点ビハインドで 0 点で負け、1 点で仕切り直しに、2 点、3 点は勝ちとなる。表 1 の数値を使い 0.2193/2+0.1624+0.2223=0.4944 が予想勝率となる

　2 点ビハインドの場合は、3 点以上を獲得できる可能性に差があるため、無死一二塁の方が予想勝率は高くなるものの（無死一二塁 0.304 に対し 1 死二三塁

0.287)、1点ビハインドで無死一二塁の場合は100％の成功率を前提に、犠打により状況を改善できるレアケースに該当する。「犠打の必要な状況は確かに存在する。しかし、該当する状況は一般に思われているよりもはるかに少ない」とはよくいわれてきたが、打者の力関係を横に置けばこれが該当ケースに当たる可能性は示せたと思う。

　ただし犠打には失敗があり、実際に行われた該当局面で犠打に挑んだ場合の結果を踏まえ、また投手の打席を除き再計算を行う必要がある。タイブレークの局面で投手が打席に入るのはレアケースと考えられるからだ。

　この結果、無死一二塁から野手が打って出た場合は無得点に終わるケースが39.3％、1得点で終わるケースは20.5％、2得点以上を奪うケースが40.1％。同状況で野手の犠打の場合は無得点が37.9％、1得点が23.2％、2得点以上が38.8％。予想勝率はともに0.504となった。

　無死一塁では「確実に1点を選ぶなら犠打、複数得点を狙うなら強攻」という言説は昔からあったが、データで検証すると正しくはない。しかし、そうした言説がタイブレークという、便宜的に映ることから正統性を欠くようにも見られるルールの中で正しいものとなっているのは面白い。

　ただし、この局面のバントではボールを転がすコースも細やかさが求められるからか、ファウルが実に多い。2020年は当該局面で126の犠打が記録されたが、ファウルもほぼ同数の125が記録されている。

　この後で普通に犠打が決まるのならば問題はないが、カウントの都合などにより強攻に切り替えた場合は悲惨なことになってしまう。野手だけの記録で打率.229、長打率.257、出塁率.286の打撃成績しか残っておらず、当初より追い込まれたカウントになっているせいもあって、かなり得点力を削ぐ原因となっている。ちなみに今年の両リーグの規定打席到達者の年間打撃成績で、長打率3割を切った者は1人もおらず、出塁率3割を切ったのも2人だけである。それくらい、バントでファウルを喫し、強打に切り替えたときは分の悪い状況が訪れている。

もうひとつの戦術として盗塁が考えられる。通常のケースで3回に2回の成功が必要とされる盗塁だが、タイブレークの場合は事情が少々異なる。

最初の打者の三振などにより1死一二塁の状況にしてしまった場合、成功率55%（55%の確率で1死二三塁、45%の確率で2死二塁）でもチャレンジする価値が認められる。

・元の状況＝1死一二塁の勝利期待値は　　0.2477…①

・重盗成功＝1死二三塁の勝利期待値は　　0.4054…②

・二走盗塁死＝2死二塁の勝利期待値は　　0.0700…③

②（成功）× 0.55 ＋③（不成功）× 0.45 ＝ 0.25447…

このような計算から、55%の成功確率のもとでの重盗へのチャレンジは、2得点以上を得る期待値を.248から、.255に改善させるものと考えられる。ただし、これは足を使う好機が訪れたと解釈するべきではなく、1個のアウトを与えたことによって、この程度の成功率でも期待値が上昇するような不利な状況におかれてしまったと考えるべきだろう。一般的に考えうる僅差試合での無死一二塁の状況は以上のようなものとなる。

3．勝利期待値から

以上に述べた事柄は、1点または2点ビハインドの状態から無死一二塁の状況を得たチームが当該イニングに逆転する確率などについてのものである。タイブレークとゲーム的には同じ状況であるが、実際にサドンデスのかかったイニングでは選手起用をはじめ相手の選択も異なる点が多々あると考えられるので、勝利期待値の面から過去の実績を再確認する。実際に9回以後のイニング終了時のビハインドは即負けの状況で、当該のゲーム状況に置かれたチームはどのような勝敗をたどっているのか。MLBの勝利期待値から探ってみたところ、当然のことながら得点期待値の変動と大きく事情が異なる点はなかった。ただし、十分なサンプルが確保されたにもかかわらず、戦術選択が原因と思われる齟齬もわずかながら見受けられた（表3）。

■ 表3　9回以後「無死または1死一二塁」の状況を動かした後の各種確率の変動（MLB/1957-2019）

項目・状況	1点ビハインド		2点ビハインド	
	無死一二塁	1死二三塁	無死一二塁	1死二三塁
勝利期待値	0.512	0.538	0.295	0.270
無得点に終わる確率	0.381	0.337	0.381	0.337
1得点に終わる確率	0.222	0.269	0.222	0.269
2得点に終わる確率	0.160	0.221	0.160	0.221
3得点以上を奪う確率	0.237	0.172	0.237	0.172
予想勝率	0.508	0.528	0.317	0.283

※ 勝利期待値：実際の勝敗から求めた、この状況を迎えたチームの勝利確率
※ 予想勝率：全イニング共通でイニング終了時に相手より得点が多い確率

　まず2点ビハインドのとき。無死一二塁からの勝利期待値は 0.295 に対して1死二三塁では 0.270 となる。走者を2人もらっているとはいえ、2点を返すのはやはり並大抵のことではないようだ。少なくとも2点ビハインドではアウトを渡して2走者を進める戦術を採用してはならないことがわかる。たとえ成功率 100％であったとしても成功の時点で勝利の期待値を下げている。

　次に1点ビハインドの場合。この場合は事情が異なり成功率が高ければ犠打により状況を改善できる場面となる。具体的には成功率 85％が勝利期待値上の損益分岐点である。前にも述べたように犠打による状況改善が期待できる数少ない局面であるが、この成功率はリーグ戦中では実現されていないことも覚悟すべきことである。

■ 表4　9回以後、状況改善に必要な盗塁成功率（MLB/1957-2019）

状況		状況改善に必要な成功率（損益分岐）	盗塁チャレンジ前勝利期待値	盗塁チャレンジ後勝利期待値
1点ビハインド	無死一二塁	67％	0.512	0.516
2点ビハインド	無死一二塁	56％	0.295	0.297
1点ビハインド	1死一二塁	58％	0.364	0.365
2点ビハインド	1死一二塁	62％	0.182	0.183

　盗塁の勝敗への損益分岐については表4のとおり。通常のケースよりもかなり低い場合が目立つ。失敗の痛手は2点ビハインドの際は走者を消してしまうこと、1点ビハインドの場合はアウトを増やしてしまうことに比重がかかっている。ダブルスチールでこの成功率は難しいのかもしれないが、打撃により打開することが難しいと判断した場合は選択のひとつとしてあり得る。

　なお、進塁打と称して走者の後ろ（一二塁間）へ故意にゴロを打つような打撃は、自然に打った結果打球が右方向へ飛んだような場合を除き、一塁走者がある状況ではおすすめできない（走者二塁だけの状況とは全く異なる）。二塁手がゴロを捕球した場合、特に一二塁の状況で進塁打となる確率は 0.107 に過ぎず、内野安打と失

策を含めても2人の走者をともに進塁させるケースは 0.160 である。代わりに過半数が併殺の憂き目にあっており、いわれるほど打球の方向を細かく調整できている様子はない。最初からゴロを意識して2人の走者をともに進めるといったミッションは、「二塁手が捕れないゴロを打て」というものに近く「安打を打て」というのと大差あるまい。一二塁からアウトを与えて進塁させる必要があると考えた場合はバントを選択すべきである。

　ここまで述べたのは基本的に後攻チームの戦術である。先攻チームについては、相手チームの得点が判明していない以上、基本的に得点期待値の上で最も得となる戦術をとるだけになるだろう。例えば任意打順なら強打者順に、あるいは出塁率順に並べて普通に打つ——などだ。裏の攻撃も一二塁から始まるのである。裏にマウンドに送り出せるのが好投手だとしても、そもそも無死一二塁の状況をなかなか招かないからこそ好投手なのであって、この状況では将来の失点の方は保証の限りではない。失点を特定できない以上は、得点を最大化する以外の対策は存在しない。

4．機会均等について

　タイブレークの状況は通常の試合ではなかなか現れない切迫した状況であり、一般的な野球の戦術選択とはなじまない部分が多々あるかもしれない。例えば表の攻撃が1点だった場合、裏は3点目以後が意味を持たない。そして相手の得点が判明してから攻撃できることは後攻チームの利得であり、だからこそ後攻チームの勝率が高くなるのだとよくいわれる。しかし、このことは実情とは少々異なるようである。表3には9回以後における1点ビハインドと2点ビハインドの後攻チームの実際の勝利期待値と得点期待値から求めた予想勝率を掲げているが、もし両者が特殊な状況を一切意識せずにプレーした場合、この2つは同じ数字に収れんすることになるだろう（ただし同点の場合は、次イニングに持ち越しの条件としたとき）。

　しかし実際にはその通りにはならず、1点ビハインドの場合には後攻チーム（裏の攻撃側）が予想値よりも多く勝つ。2点ビハインドの場合にはこれが逆になり先攻チーム（裏の守備側）の方が予想値よりも多く勝つ。

　例えば1点ビハインドの攻撃側1死二三塁ならば得点期待値からの予想勝率 0.528 に対して実際の勝利期待値 0.538。攻撃側2点ビハインドの無死一二塁なら予想勝率 0.317 に対して実際の勝利期待値 0.295。わずかな幅だが、いずれも戦

術に選択余地のある側（追い込まれていない側）が、得点期待値が示す勝利ポテンシャルよりも多く勝っており、ここには双方の戦術による利得の形跡が認められる。

　これは表の攻撃で何点入ったのかを考慮してプレーできるのは、後攻側だけではないという証拠である。後攻側は相手の得点を確認した上で攻撃手段を選択できる。しかし同様に先攻側も自分の得点を確認した上で守備の戦術を選択できる。投入する投手を選択することも、普段は負わないようなリスクを負って先の塁に送球することも、勝敗に影響しない走者を無視することも、分岐点となる得点を阻止することに特化したフォーメーションを敷くことも、すべて普通にやっている。このことが結果として現れた形である。片側に戦術選択の余地があれば反対側にも必ずその余地が発生することは、たいがいのゼロサムゲームに共通している。

　また、高校野球のタイブレーク導入の際、投手が自分の出したわけでもない走者の生還によって敗北させられるのは酷であるという報道も拝見した。しかし、ここも反対の立場から見ると自分達が出せてもいない走者を還すことによって勝利を得ているので、機会均等は守られている。自分がタイブレークに参加しているとき、自分の対戦相手は必ずタイブレークに参加している。

5. 公式記録

　MLBにおいてタイブレークが採用される際「二塁走者は失策によって出塁したこととするが、チームにも選手にも失策は記録されない」との声明があった。この結果、一応このタイブレークでのプレーもすべて公式記録となることとなったようだ。最初の走者については自責点はつかないことになり、走者の得点や打者の打点はそのまま生きる。まあ登板数や登板イニングに契約上のインセンティブがついている場合もあり、「ただ働き」のような形を避けるという意味はあるのかもしれない。投手の側はカウントして打者の側は別扱いとするような決めにはできないだろうから、このような扱いは必然とも思えるが、任意打順にした時点でサッカーのPK戦と同じで公式記録とは別扱いになると思っていただけに少々意外であった。

　一例を挙げると打点はセイバーメトリクスで省みられることは少ないが、打点王は今でも連盟表象スタッツである。打順を飛ばして立った打席で、ルール上存在しない走者を還したものが公式打点となることの是非。また、1点リードで裏に登板した投手は本塁打を打たれない限り無失点確約のイニングができること。安打数などの

積み上げ式スタッツがスキップした打席で記録されることの是非など、様々な問題が考えられる。まとめるならば、これは通常の試合中のこととは違ってタイブレークに参加していない人の記録と混在することの是非が問われるわけで、私的には別枠を支持したいところだ。いずれにしても導入前と導入後の記録の歴史的な扱いに微妙ながら一線が引かれることは避けられない。

6．今後

　今回、試験的に MLB で採用されたのが無死二塁からのタイブレークであった。昨今、どのような競技であれ、エンドレスの勝負を続けるような試合展開は避け、想定した試合時間の範囲で決着をつけるようなルールの作成・運用がなされている。

　今般、試験的に MLB で採り上げられたことから、NPB でもタイブレークがルールに盛り込まれることは現実味を帯びてきたと言えるだろう。ルールに謳われるとなれば今までのローカルルール方式ではなく、いずれかの方法に統一されることとなる。決着を促すのが目的なので、入る得点にバリエーションのつきやすい無死一二塁の方が本筋のような気もするが、無死二塁も状況がひとつ進むたびに最善手が変わりやすいなどゲーム性が高く魅力あるルールでもある。今のところ無死二塁からのタイブレークが世界標準になる可能性は大きく、その場合は早い段階で他国はルールに合わせた定跡を仕上げてくるだろう。

　2008 年の五輪におけるタイブレーク導入に関しては、国内世論は拒否反応がかなり強かったと記憶している。その後、日本代表が国際大会においてタイブレークで勝利する映像が流れても、このルールに対して好意的な論調が増えることはあまりなく、その後の高校野球への導入に関してもやはり相当な紛糾を見た。導入に肯定的な意見でも「仕方ない」といった消極的な肯定が目立っていたが、これは状況さえ許せば導入を否定する意見である。好みの是非は問われるべきではないが、国内における野球というゲームの規定に対する嗜好はかなり保守的なもののようである。

　翻って見れば、どのようなスポーツであれタイブレークの考え方は浸透しつつある。どのようなゲームであれ使い勝手の良い方向に変化していくことは宿命のようなものである。50 年前と比べるとずいぶんと各競技は様変わりしており、中には原型を留めていないと見えるものすらある。野球とてこの流れを無視しては成り立たないだろう。長い試合になると打席数だけ見ても 5 割増しになる試合すらある。試合時間の

コントロールという点では最も難しい競技のひとつでもあるのだ。

　野球の国際試合ではもはや必須の決めでもあるだろう。ところが前に述べたように
プレーの価値は目まぐるしく変わり、古い野球のテンプレートに慣れた選手が有利
になるケースすら考えられるのだ。割り切って新たな決めに適応し、戦術を確立して
ゆくべき時期に来ていると考える。

タイブレーク制度の本格導入に向けて

打たせて取るピッチングは不可能なのか？

市川 博久

　三振は取れずとも打者に凡打を打たせてアウトを取るいわゆる打たせて取るピッチングは、ときに理想的な投球とされる。しかし、「投手はホームラン以外の打球がヒットになるか否かをほとんどコントロールできない」というボロス・マクラッケンの発見以来、セイバーメトリクスではこうしたピッチングは限定的にのみ実現可能だと考えるに至っている。今回の分析では、これまでの研究成果を踏まえつつ、投手が打球に対して何をどこまでコントロールできるかを検討していく。

1．前提となる事実

　ボロス・マクラッケンが 2001 年に発表した論考 "Pitching and Defense" によれば、MLB においてホームラン以外の打球がヒットになる確率(以下、「BABIP（Batting Average on Balls In Play）」という)を投手がコントロールすることはほとんどできないとされた[1]。マクラッケンはその理由のひとつに投手の BABIP には年度間相関が存在しない、つまりある投手の BABIP が低かったとしても翌年には高い BABIP となってしまうこと、あるいはその逆が頻繁にあり、ある年の BABIP からその投手の翌年の BABIP を推測することができないことをあげている。これは、投手の三振や四球、本塁打の割合については、年度間相関があることと対照的である。現在に至るまで、この事実に対する有力な反証はなく、概ねマクラッケンの主張は正しいものとされている。

　今回の分析に入る前に、NPB においてもマクラッケンの主張が通用することを確認しておく。2014 年から 2020 年までの連続する 2 シーズンでいずれも 200 打者以上との対戦があった投手の組み合わせ 439 組を対象にいくつかの指標で年度間相関を調べてみた。まずは、投手が打たせたホームラン以外の打球をアウトにした

[1]　Voros McCracken,"Pitching and Defense", Baseball Prospectus,2001,
　　　https://www.baseballprospectus.com/news/article/878/pitching-and-defense-how-
　　　much-control-do-hurlers-have/

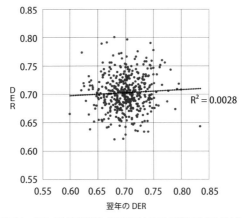

■図1　DERの年度間相関（NPB/2014-2020 対戦打者 200 以上）

割合を示す DER（Defense Efficiency Ratio)の年度間相関を見てみる（図 1）。

　散布図を見ても、ある年の DER と翌年の DER が全く無関係であることがよくわか
る。こうした結果からすると、マクラッケンが主張したとおり、投手がホームラン以
外の打球をアウトにする割合をコントロールすることはほとんどできないといえる。

　では、その他の指標についてはどうだろうか。三振の割合（K%)と四球の割合（BB%)
についても年度間相関を見てみる（図 2 〜 3 ）。

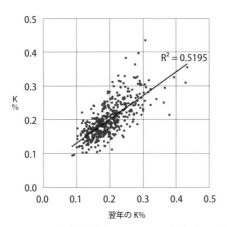

■図2　K% の年度間相関（NPB/2014-2020 対戦打者 200 以上）

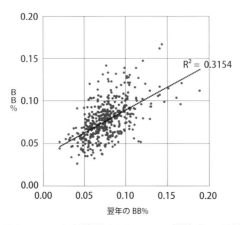

■ 図3　BB% の年度間相関（NPB/2014-2020 対戦打者 200 以上）

　いずれの散布図でもある年の数値と翌年の数値との間に正の相関が見られる。こ
れは DER とは明らかに異なる。ある年の K% や BB% から翌年の K% や BB% を推測
することはある程度可能であり、打者から三振を奪う割合や四球を与える割合は投
手がかなりの程度コントロール可能だと考えられる。

　これらの指標ごとの年度間相関の差異からすれば、ホームラン以外の打球は投手
の評価に用いず、三振、四球、本塁打だけで評価をするという手法も合理的といえる。

　また、マクラッケンの発表以後にさらなる検証が進んだ結果、近年ではゴロ、フ
ライといった打球の種類についても、評価に加えることも進んでいる。ゴロはフライ
と比べてアウトになりやすい上、長打になるリスクも小さい。仮に打球に占めるゴロ
の割合やフライの割合を投手がコントロールできるとすれば、マクラッケンの主張を
前提としても、評価に加えることが許されるだろう。

　打球に占めるゴロ(GB%)、フライ(FB%)、ライナー (LD%)の割合の年度間相関
についても見てみる(図 4 〜 6)。

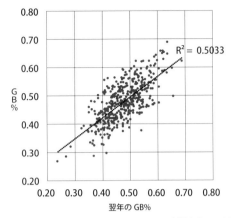

■ 図4　GB% の年度間相関（NPB/2014-2020 対戦打者 200 以上）

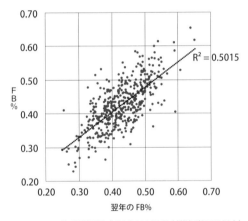

■ 図5　FB% の年度間相関（NPB/2014-2020 対戦打者 200 以上）

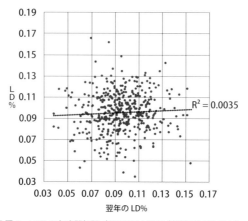

■ 図6　LD% の年度間相関（NPB/2014-2020 対戦打者 200 以上）

　ある年の打球に占めるゴロの割合やフライの割合と、翌年の打球に占めるゴロの割合やフライの割合との間には、三振の割合と同じ程度に強い正の相関が存在する。これに対して、ある年の打球に占めるライナーの割合と、翌年の打球に占めるライナーの割合については相関がないことがわかる。つまり、投手はゴロを打たせるか、フライを打たせるかはある程度コントロールすることはできるが、ライナーをどれだけ打たせるかはほとんどコントロールできないということになる。ライナーはゴロやフライと比べると、かなりアウトになりにくく、投手にとっては極めてリスクの高い打球だが、ライナーを打たれる割合を減らすことは投手にはできない。このため、投手は、フライではなく、ゴロをより多く打たせることで、失点のリスクを減らすことはできるが、ライナーを打たれる割合を減らすことで失点のリスクを減らすことはできない。

　打球の種類をコントロールすることによって、失点のリスクを減らすという観点からすると、打たせて取るピッチングは部分的には可能といえるが、ライナーの割合をコントロールすることはほぼ不可能といえる。

　ここまでは既に先行研究から明らかになっているのと同じ結果だ。ここから、投手が打球についてそれ以外の部分をコントロールすることができないかを調べていく。

2．投手は打球方向をコントロールすることができるか

まずは、投手が打球の方向をコントロールすることができるか調べてみる。

ここでは、本塁からマウンドに向かって引かれた直線と本塁上で垂直に交わる直線と打球の着弾点（地面または野手に触れた点またはゴロの場合は野手の横を通過していった点）と本塁とを結んだ直線とで作られる角度をゴロ打球、フライ打球（ファウルフ

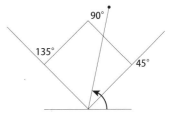

■ 図7　本稿における
打球方向の
角度での表現

ライを除く）別に計算して投手ごとに平均した角度の年度間相関を調べる方法によった（図7）。一塁線が 45°、真正面が 90°、三塁線が 135° となる。ゴロ打球とフライ打球とで分けて集計をしたのは、それぞれの打球の種類で飛びやすい方向が異なるためだ。ゴロ打球はフライ打球と比べても引っ張り方向に飛ぶ割合が高い。このため、打球の種類による影響を除いて評価をするために、打球の種類ごとに分けて相関を調べる方法をとった。では、ゴロ打球の方向の年度間相関を見てみる（図8）。

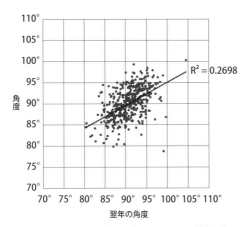

■ 図8　ゴロ打球の方向の年度間相関 （NPB/2014-2020 対戦打者 200 以上）

K% や BB% 程ではないが、ある年のゴロ打球の方向と翌年のゴロ打球の方向との間には、正の相関関係がある。

次に、フライ打球の方向の年度間相関を見てみる（図9）。

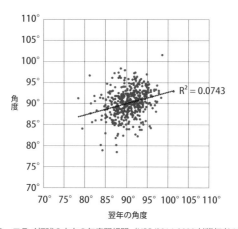

■ 図9　フライ打球の方向の年度間相関（NPB/2014-2020 対戦打者 200 以上）

　DER のように年度間相関はないといえないものの、ゴロ打球と比べると年度間の
相関はかなり弱い。ここまでの結果からすると、打球の方向についても投手はある
程度コントロールすることができそうにも思える。しかし、これまでの結果は、対戦
する打者の左右を考慮していない。左投手であれば右打者との対戦が多くなり、右
投手であれば左打者との対戦が多くなる。打者の左右によって打球の傾向は異なる。
これまで投手が打たれたゴロやフライの打球方向に年度間相関があったのは、対戦
する打者の左右の割合が真の原因である可能性もある。そこで、それぞれ対戦する
打者の左右で分けて年度間相関を見てみる（図 10 ～ 13）。

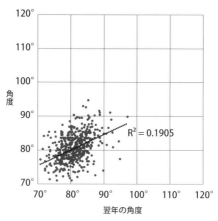

■ 図 10　ゴロ打球の方向の年度間相関（対左打者）

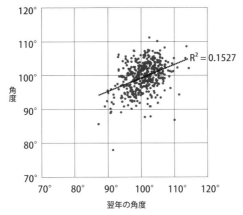

■ 図11 ゴロ打球の方向の年度間相関（対右打者）

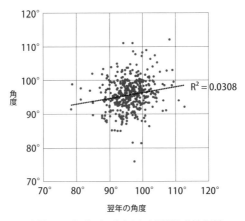

■ 図12 フライ打球の方向の年度間相関（対左打者）

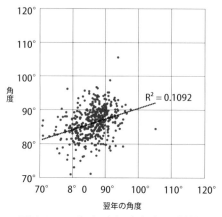

■ 図13 フライ打球の方向の年度間相関（対右打者）

　ゴロ打球については、対戦打者の左右で分けない場合と比べて、年度間相関が弱くなっている。こうした結果からすると、ゴロ打球の方向に年度間相関が見られた理由の幾分かは、対戦する打者の左右の割合によるものであることがうかがえる。

　以上のような結果からすると、打球の方向についても、投手がコントロールすることは弱いながらも可能であるといえる。ただし、その程度は打球の種類ほどではなく、対戦する打者の左右割合といった要素からも大きく影響を受けることもまた事実である。特にゴロ打球で顕著であるが、対戦する打者の左右によって分布が大きく異なっていることからも、打球の方向は投手自身がコントロールできる部分よりも対戦する打者により決定される部分が大きいことが推測される。

３．リスクの低いゾーンに狙って打たせることは可能か

　これまでの結果から、投手はかなり限定的ながら打球の方向をコントロールすることができることがわかった。ただし、仮に打球の方向をある程度コントロールすることができたとしても、リスクの低いゾーンに狙って打たせることができるとは限らない。フェアゾーンの左右いずれかの範囲に野手をまとめて配置するようなシフトを敷くならばともかく、野手はフェアゾーンに分散して配置されている。長打になりづらく、野手がアウトにしやすいゾーンに打球を狙って打たせられるかは明らかではない。

　そこで、2014年から2020年までの打球データを用い、ゾーンごとの打球のリス

クを評価し、投手がリスクの低いゾーンに打球を打たせることができているか調べた。

　リスクの評価にあたっては、得点期待値に基づいた wOBA（weighted On-Base Average）を用いている。打球の分類は UZR（Ultimate Zone Rating）の算出に使われている距離とゾーン、打球の種類によって行った。距離については、1 ～ 8 までの 8 段階（1 ～ 3 までがおおよそ内野）、ゾーンについては A ～ Z までの 26 段階（このうち A ～ B、Y ～ Z はファールゾーンなので今回の検証では 22 段階）、打球の種類はゴロ、フライ、ライナーの 3 種類に分けている（図 14）。

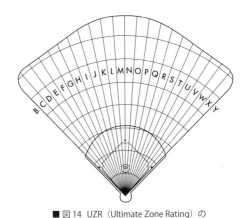

■ 図 14　UZR（Ultimate Zone Rating）の
打球位置分類

　この方法によると、三塁手のほぼ正面である距離 2、ゾーン D のゴロ打球の wOBA は .136 とかなりリスクの低い打球、同じゴロでも三塁手と遊撃手の定位置の中間付近の距離 3、ゾーン F のゴロ打球の wOBA は .558 とリスクの高い打球となる。

　このようにして求めたゾーンごとの期待される wOBA を投手ごとに全ての距離、ゾーンについて平均し、これまでと同様に年度間での相関を調べてみた。こうして求められたゾーンごとに期待される wOBA（以下、「期待される wOBA」という）は、投手がどれだけアウトになりにくく失点に繋がりにくい打球を打たせていたかを表している。仮に、投手が野手にとって処理しやすく失点に繋がりにくい打球を継続して打たせることができているのであれば、ある年の期待される wOBA と翌年の期待される wOBA との間には正の相関関係があるはずだ。

　これまでと同様に、投手ごとにある年の期待される wOBA と翌年の期待される wOBA とを比較した。なお、ゴロとフライでは期待される wOBA が異なる。ゴロを打たせることが多い投手の期待される wOBA は低くなると考えられるため、その影

響を排除するために、ゴロとフライに分けて期待される wOBA を調べた（図 15）。

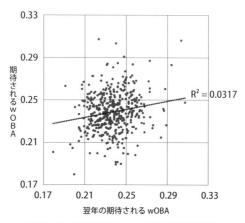

■図 15　ゴロ打球の期待される wOBA の年度間相関

　ある年のゴロ打球の期待される wOBA と翌年のゴロ打球の期待される wOBA との間にはほとんど相関がない。この結果からすると、投手が野手の処理しやすいリスクの低い打球を打たせ続けることは困難だといえる。

　では、フライ打球の期待される wOBA はどうだろうか（図 16）。

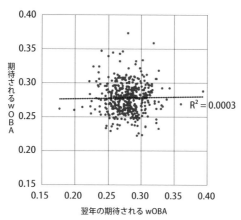

■図 16　フライ打球の期待される wOBA の年度間相関

　フライ打球についてはゴロ打球以上に年度間相関がない。期待される wOBA はほとんどランダムに決まっているといっていいぐらいだ。フライの中には、距離が1〜3の内野フライ、外野の定位置後方フェンスに近い距離8のフライといった他のフライと比べると明らかにリスクが低い、あるいは高い打球があるにもかかわらず、ゴロ以上にリスクの低いゾーンに打球を打たせることができないという結果になったのは意外だ。

　以上のような結果を前提とすると、投手は野手が処理しやすいリスクの低い打球を狙って打たせることはできないのだと考えられる。打球の方向については、限定的ながら投手がコントロールできるという結果になったことからすると、少々意外かもしれない。しかし、例えば引っ張り方向の打球を平均的な投手よりも多めに打たせることができるということと、三遊間ではなく、三塁手や遊撃手の正面付近により多く打球を打たせることができるということの間には大きな差がある。前者ができて、後者ができなくてもおかしくはない。

4．まとめ

　ここまで、投手がホームラン以外の打球について、どの程度コントロールが可能かを年度間相関を用いて調べてきたが、結論としては打球の種類以外はほとんどコントロールができないといえる。ゴロを多く打たせることはできたとしても、そのゴロを野手が処理しやすいゾーンに多く打たせることはできない。

　DER に年度間相関が見られない理由は、守備の影響を排除できないだけでなく、「グラウンドのどこに打球を打たせるか」を投手自身がコントロールできないことにもあると考えられる。

　結局のところ、投手を評価するに当たって、三振、四死球、ホームランだけ、あるいはこれらに加えてゴロやフライといった打球の種類まで考慮し、それ以外の事由は考慮しないという、セイバーメトリクスの通説的な見解は妥当と言わざるを得ない。

テーブルスコアを活用した
疑似 UZR による遊撃守備評価

竹下 弘道

　遊撃守備を評価する場合、現代では UZR（Ultimate Zone Rating）が一般的に用いられる。しかし、UZR は映像計測の活用により信頼性を高めているため、映像が手に入らない時代では算出できないという欠点がある。本稿の目的は、映像のない時代について、遡って入手できるデータからできる限り正確な守備評価を行うことだ。こうした時代の評価では公式の守備統計である刺殺と補殺を活用するのが従来では一般的だが、本稿ではこれらを一切使わず、テーブルスコアを活用することで新しい視点から評価を試みる。

1．従来の評価方法

　まずは UZR 以前の時代における守備評価について、従来の評価方法を見ていこう。日本プロ野球では 2009 年にデータスタジアム社が UZR の算出を開始するまでは[1]、映像計測を使わず「刺殺」「補殺」を使って守備を評価するのが一般的だった。

　刺殺・補殺と言われてもピンと来ない方も多いと思われるので、簡単に説明したい。刺殺と補殺は守備の公式統計の一つであり、以下のように定義される。

　　刺殺：アウト成立に関与した選手のうち、直接アウトを取った選手に記録される
　　補殺：アウト成立に関与した選手のうち、直接アウトを取っていない選手に記録される

　遊撃手の場合、刺殺は「フライ捕球」「ライナー捕球」「ベースカバー時の送球捕球アウト」で記録されることが多く、補殺は「ゴロ捕球後の塁への送球」「併殺時の中継（ピボット）」で記録されることが多い。以上を踏まえた上で従来の評価方法とその課題を見ていく。

[1]　http://archive.baseball-lab.jp/column_detail/&blog_id=7&id=23

（1）守備率

　公認野球規則に計算方法が記載されている唯一の守備指標である。スポーツ新聞などに記載されることも多いため、熱心な野球ファンであれば誰もが知っている指標だろう。その計算式は以下のようになっている。

　守備率＝（刺殺＋補殺）／（刺殺＋補殺＋失策）

　守備率は「選手が関与したプレー（守備機会：刺殺・補殺・失策の合計）において失策をしなかった割合」を示し、守備率が高いほど失策が少ないことを意味する。つまり、失策の少なさを評価する指標である。

　守備率について考える上で注意すべきなのが、守備の目的は「失策を減らすこと」ではないことだ。野球で勝つために守備側に求められるのは、失点をできるだけ少なく抑えることだ。失策を減らすことはその一手段ではあるものの、すべてではない。つまり、守備率では「失策を減らすことで失点をどれだけ抑止したか」しか評価できないのだ。

　センターに抜けそうなゴロを、遊撃手が好捕してアウトにする場面は誰もが見たことがあるだろう。遊撃手はこのように被安打を減らして失点を減らすこともできるが、こうした貢献を守備率では一切評価できない。この網羅性の低さが守備率の欠点と言える。

（2）レンジファクター（RF）

　セイバーメトリクスの祖、ビル・ジェームズによって考案された守備指標である。RF の登場は、守備率の欠点である網羅性の低さを解消した点で革命的だった。その計算式は以下のようになっている。

　レンジファクター（RF）＝（刺殺＋補殺）／守備イニング×9

　RF は「9 イニング（27 アウト）あたりでどれだけのアウトに関与できたか」を意味する。なぜアウトに着目するかというと、失点を抑えるほとんどのプレーにアウトが伴うからだ。遊撃手であれば、失策や被安打を防いだ時や併殺を取った時にアウトが生じる。「アウトをどれだけ取れたか」さえわかれば、これらのプレーを通じて「失点をどれだけ防いだか」を網羅的に評価できるという理屈だ。

　ビル・ジェームズが提唱したこの考え方は、RF以後に考案された守備指標のほぼすべてに取り入れられている。極論すれば「アウトをどれだけ取れたか」の評価方法が異なるだけなので、以降の守備指標のほとんどはRFの亜種という見方もできるだろう。

　このような点でRFは最も偉大な守備指標と言えるが、欠点も存在する。それは「アウトをどれだけ取れたか」を評価する精度が良くないことだ。RFでは「全てのアウトの中でどれだけのアウトに関与できたか」という方法で評価するため、評価する選手の能力以外の要素によって数値が上下する欠点がある。具体的には以下の3点が指摘されることが多い。

① 投手の奪三振が多いと、守備で関与できるアウトが減る
② 投手がフライを多く打たれると、内野手が守備で関与できるアウトが減る
　（投手がゴロを多く打たれると、外野手が守備で関与できるアウトが減る）
③ 同チーム選手のアウト獲得能力が高いと、守備で関与できるアウトが減る

（3）レラティブ・レンジファクター（RRF）

　上記のRFの欠点を解消するかたちで、ビル・ジェームズ自身が考案した守備指標である。遊撃手の計算式は以下のようになっている。RRFには下記以外にも補正項目が存在するが、結果に大きな影響を与えない部分であるため、ここでは省略する[2]。

レラティブ・レンジファクター（RRF）＝（刺殺＋補殺）／（期待刺殺＋期待補殺）

　期待刺殺（補殺）は「平均的な遊撃手が同じ環境でプレーした時に獲得しうる刺殺（補殺）」を表す。「選手が獲得したアウト」を「平均的な遊撃手が獲得しうるアウト」で割るので、数値は「平均的な遊撃手と比べて相対的にアウトを何倍多く取ったか」を示す。レラティブ（Relative／相対的な）と付くのはこれが理由である。

---

[2]　一塁走者の有無による刺殺増加と、所属チームの左投手の割合による補殺増加に対する補正項目が存在する。この計算方法は市川博久氏が詳しく解説されているので、そちらを参照いただきたい。ちなみに、本文中のRRF補殺得点はこの補正も含めて計算している。http://blog.livedoor.jp/hakkyuyodan/archives/22240736.html

まずは「平均的な遊撃手が獲得しうる補殺」である期待補殺の計算方法を見ていきたい。計算行程が複雑なので順を追って説明していく。

平均遊撃補殺割合＝リーグ遊撃補殺／リーグ内野補殺
　※内野補殺：投手・一塁手・二塁手・三塁手・遊撃手の補殺合計

まずリーグ全体の成績から、平均的な遊撃手の補殺獲得能力を計算する。その評価基準を「内野補殺の中で遊撃補殺がどれだけの割合を占めるか」とするのがRRFの特徴だ。内野手の補殺はゴロアウトにほぼ等しいので、「内野全体のゴロアウトの中で遊撃手のゴロアウトがどれだけの割合を占めるか」を計算しているのと同じである。

内野全体のゴロアウトを分母とする理由は、フライアウトと奪三振を除外するためだ。RFはこれらが含まれるチームの全アウトを分母とするため、投手がフライを多く打たれてフライアウトが多くなったり、奪三振が多くなったりすると数値が下がる欠点があった。RRFはそれらを分母から除外することでRFの欠点①②を解消している。

チーム期待補殺＝チーム内野補殺 × 平均遊撃補殺割合

次に平均的な遊撃手が評価対象選手と同じ環境において獲得しうる補殺を計算する。「平均的な遊撃手の補殺が内野補殺のどれだけを占めるか（平均遊撃補殺割合）」は計算済なので、上式のように評価対象選手が所属するチームの内野補殺にかければ、「平均的な遊撃手が獲得しうる補殺」を割り出せそうに見える。しかし、ここで前述したRFの欠点③による問題が生じる。

③ 同チーム選手のアウト獲得能力が高いと、守備で関与できるアウトが減る

これは「内野補殺の中で遊撃補殺がどれだけの割合を占めるか」という手法でも同じ問題が発生する。例えば、同じチームの二塁手や三塁手の補殺獲得能力が高いと、遊撃手の補殺割合は下がってしまう。つまり「平均的な遊撃手の補殺がそのチームの内野補殺のどれだけの割合を占めるか」は、脇を守る二塁手や三塁手の能力によって変動するため、上式のように各チームに一律の割合をかけるのは不適切なのだ。

前述した平均遊撃補殺割合は、「他の内野ポジションを平均的な選手が守ってい

る場合」に、「平均的な遊撃手の補殺が内野補殺のどれだけの割合を占めるか」を表すに過ぎない。期待補殺を求めるには、他の内野手の能力に応じた補正が必要となる。

　RRF は DER を使ってこれを補正する。DER はチーム単位の守備を評価する指標であり、その算出式は以下のようになっている。

DER＝（打席－安打－四球－死球－三振－失策）／（打席－本塁打－四球－死球－三振）
※チーム投球成績とチーム守備成績から計算する

　DER は「グラウンドに飛んだ打球をアウトにした割合」を意味する（式の分母は打球がグラウンドに飛んだ数、分子は守備でアウトを取った数を表している）。まずはこの DER を使って、そのチームのアウトを取る能力をリーグ平均と比較する。

チーム奪アウト傑出＝チーム DER ／リーグ DER

　「あるチームが打球をアウトにした割合」を「平均的なチームが打球をアウトにした割合」で割るわけだから、これは「打球がグラウンドに飛んだ時、このチームは平均と比べて何倍の確率でアウトを取れるか」を意味する。1.05 であれば、このチームが打球をアウトにする確率が平均と比べて 1.05 倍ということだ。

　少々強引だが、この数字をそのまま内野手の能力に等しいと見なす。「ゴロがグラウンドに転がった時、このチームは平均と比べて 1.05 倍の確率で補殺を取れる」と仮定するのだ。次に平均的なチームからこの「内野補殺を 1.05 倍取れるチーム」へ移籍した遊撃手を考える。移籍前と移籍後で同数のゴロがグラウンドに転がったとしよう。グラウンドに転がるゴロの数は変わっていないわけだから、この遊撃手の補殺数は変わらない。しかし、内野補殺は 1.05 倍となっている。つまり、この遊撃手の補殺が内野補殺に占める割合は 1 /1.05 倍に減ることになる。

　このように、平均的な遊撃手があるチームでプレーする時、その補殺が内野補殺に占める割合は、平均遊撃補殺割合を「そのチームのチーム奪アウト傑出」で割り算したものとなる。これを踏まえると期待補殺の算出式は以下のように修正できる。

チーム期待補殺＝チーム内野補殺 ×平均遊撃補殺割合／チーム奪アウト傑出

　これで期待補殺を計算できた。ただこれは平均的な遊撃手が「フル出場時に」獲

得しうる補殺である。フル出場した遊撃手を評価する場合はそのまま使えばよいが、そうでなければ出場割合に応じた調整が必要だ。この調整を行うのが以下の算出式である。

期待補殺＝チーム期待補殺 × 評価対象選手の守備イニング／チームイニング

遊撃手は守備イニングに比例して補殺を獲得できると仮定すると、評価対象選手がチームイニングの何％に出場したかがわかれば、チーム全体の期待補殺にそれをかけることで「平均的な遊撃手が評価対象選手と同じだけ出場した時に記録しうる補殺」を割り出せる。これで期待補殺は計算完了だ。

次に、「平均的な遊撃手が獲得しうる刺殺」である期待刺殺の計算式は以下のようになる。内野刺殺の定義にひと捻りがあるが[3]、期待補殺とおおむね同じ理屈で求められるため、ここでは説明は省略する。

平均遊撃刺殺割合＝リーグ遊撃刺殺／リーグ内野刺殺

チーム期待刺殺＝チーム内野刺殺 × 平均遊撃刺殺割合／チーム奪アウト傑出

期待刺殺＝チーム期待刺殺 × 評価対象選手の守備イニング／チームイニング

　※内野刺殺：全刺殺から投手の奪三振、外野刺殺、遊撃補殺、三塁補殺を引いたもの

RRF は RF の欠点を解消しており、「アウトをどれだけ取れたか」を評価する精度では RF より優れた指標と評してよいだろう。

しかし、RRF にも欠点は存在する。それは刺殺を評価対象としていることだ。これは刺殺数は遊撃手の能力ではなく周囲の影響でほとんど決まってしまうため、遊撃手の評価に使うのは不適格だからである。これがどういうことか説明したい。

[3]　この定義の意図は解釈が難しいが、遊撃補殺と三塁補殺を引くのは内野刺殺から「送球を受けるアウト」を除外するためだと考えられる。遊撃刺殺は「フライアウト」と「ライナーアウト」が大半を占めるため、遊撃刺殺を評価するなら分母を内野全体の「フライアウト」と「ライナーアウト」の合計とするのが好ましい。伝統的な守備統計でこの数を最も的確に表すのが内野刺殺だが、内野刺殺には「送球を受けるアウト」も多く含まれる。遊撃補殺と三塁補殺が生じる場合、ほぼ確実に一塁手か二塁手のどちらかに刺殺（送球が受けるアウト）が記録されるので、この個数だけでも差し引こうという意図だろう。筆者の私見としては、他の内野ポジションの補殺も差し引いていいように感じるのだが、三塁手と遊撃手以外の補殺は遊撃手に刺殺が記録されるケースもあるため、ビル・ジェームズは分母から遊撃刺殺が除外されるのを嫌ったのだと思われる。

　遊撃刺殺は「フライ捕球」「ライナー捕球」「ベースカバー時の送球捕球アウト」が大半を占める。刺殺数はこれらの成功数を表しているわけだが、この成功数は遊撃手の能力ではなく処理機会の多さでほぼ決まる。内野フライは誰が処理してもほぼ100％アウトになり、ライナーも処理者によって処理結果に差が生じる打球の絶対数が少ないため、遊撃手の処理能力ではなく、守備範囲内に打球が飛んできた数で成功数が決まる。送球捕球アウトも誰が捕球してもほぼアウトになるケースが大半なので、送球された数でほぼ成功数が決まってしまう。

　なお、UZR では守備者によって顕著な差が付かないというのが主な理由で、これらのプレーは評価対象外となっている。周囲の影響によるノイズを取り込むリスクを冒してまで、こうした項目を評価に含めるのは合理的ではないと思われる。こうした理由で RRF は刺殺部を取り外して使用されることもある。

　一方で、遊撃補殺は「ゴロアウト」「併殺時の中継（ピボット）」に大別される。これらは守備者によって結果に差が付くことがわかっており、UZR の評価対象にもなっている。周囲の影響を受けるのは刺殺と同じなのだが、その度合いが相対的に小さいという点で評価に含める意義はあるだろう。

　それでは、RRF の補殺部はどれだけ正確な評価ができるのだろうか。何をもって「正確」とするかは難しいが、ここでは信頼性の高い UZR を「正しい」とみなして、UZRとの相関の強さから精度を定量化してみよう。

　しかし、その前に両者の単位を揃えなければならない。RRF は平均と比べて「補殺を何倍取ったか」を表す一方、UZR は「どれだけ失点を多く防いだか」を表すという違いがある。そこで、RRF を「どれだけ失点を多く防いだか」という単位に変換する。

RRF 補殺得点＝（補殺－期待補殺）× 0.72

　（　）の中は、評価対象選手の補殺から期待補殺を引くことで、「平均と比べてどれだけ多く補殺を取ったか」を計算している。次はここから防いだ失点を推定する。補殺にはピボットが一部含まれるが、割合が少ないため全てゴロアウトとみなす。遊撃手が出塁をアウトに 1 つ置き換えるとチームの失点は 0.72 点減るため、0.72 をかければ完成である。この指標と UZR [4]の相関関係を調べたのが図 1 と図 2 だ。今回は 2014 年から 2019 年のチーム成績を用いた（n=72）。なお、RRF は同じリーグの 6 球団平均、UZR は 12 球団平均を基準とする違いがあるため、6 球団平均基準に調整した UZR とも比較した[5]。

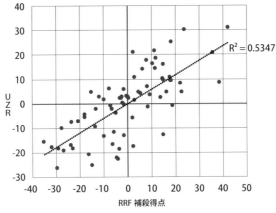

■ 図1　RRF 補殺得点と UZR の相関

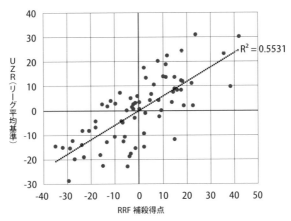

■ 図2　RRF 補殺得点と UZR（リーグ平均基準）の相関

　RRF 補殺得点が高いと、UZR も高くなる傾向がある。RRF は遊撃手の働きを捉える上で一定の参考になると言えるだろう。とはいえ、一つひとつの点を見ると、RRF 補殺得点が± 0 前後なのに UZR はトップレベルというケースや、逆にワーストレベルというケースも確認できる。こうした結果を見ると、全幅の信頼を置けるとは言いづらいのも事実だ。それなら、より信頼性を高めるにはどうすればよいだろう。

[4]　UZR は 1.02-Essence of Baseball から引用した。
[5]　リーグ平均 UZR（イニングあたり）に、チームイニングをかけて差し引いて調整した。

2．どのように信頼性を高めるか

そもそも、RRF の信頼性が UZR に劣るのはなぜかを考えてみる。UZR は打球一つひとつの飛んだ座標や強度を丹念に観察することで、選手が獲得すべきアウト数を割り出す。それに対して、RRF は周辺状況から獲得すべきアウト数を推定するので、様々な面で信頼性が低くなる。その中でも影響が大きいのはゴロ分布の偏りへの対応だろう。

RRF は、原則として各チームのゴロ打球の横方向の分布が同じになるものと仮定する[6]。内野補殺数に（周囲の守備力による調整はあるが）一律の割合をかけて期待補殺を割り出すのはそのためだ。よって、たまたま遊撃手の元にゴロが多く転がったら補殺は多くなるが、期待補殺が増える調整はないので、それだけ結果が過大評価されることになる。

なぜ RRF はゴロ分布の偏りを補正できないかというと、刺殺・補殺からはアウトが発生した方向はわかるが、安打が発生した方向はわからないからだ。よって、アウトの発生方向に偏りがあっても、それが選手の守備による手柄なのか、ゴロが偏った結果なのか区別できないのである。つまり、補殺と刺殺を使用する以上避けられない問題なのだ。

この問題の解決には、安打の発生方向を示すデータが必要となる。UZR のように詳細な位置や強度までいかなくても、アバウトな安打の発生方向くらいは手に入らないだろうか。実は、日本プロ野球で古くから集計されている記録には、これを識別できるデータがある。それが本稿のタイトルにある「テーブルスコア」である。

テーブルスコアとは、表 1 のような形式で記述されるデータを指す。安打やゴロアウトなどの打撃結果に加えて、打球を処理した選手が併記されるのが特徴だ（例えば、遊撃手が処理したゴロアウトであれば「遊ゴ」と記される）。Yahoo! の試合速報やスポーツ新聞にも記載されているため、目にしたことのある方も多いだろう。

---

[6]　厳密には[2]で触れた所属チームの左投手の割合による補正が存在する。チームの左投手の割合が多いと右打者との対戦が増加するが、右打者は左打者と比べて左方向のゴロが多いため、遊撃手の補殺が増加する傾向がある。ただ、この補正は周辺状況から推定する間接的なものである。実際の打球データと比較しても、これだけではゴロ分布の偏りは捉えきれないようだ。

■表1　1985年4月17日の阪神対巨人戦におけるテーブルスコア（阪神側）

打順	起用	選手	1回	2回	3回	4回	5回	6回	7回	8回	9回
1	（右）	真弓 明信	投ゴ	一直			遊ゴ		四球	二飛	
2	（中）	弘田 澄夫	三振		左安		一ゴ		左飛		
2	捕	山川 猛									
3	（一）	バース	四球		二併		二ゴ	中本			
4	（三）	掛布 雅之	四球		四球		三振	中本			
5	（二）	岡田 彰布	左安		三振		遊安	中本			
6	（左）	佐野 仙好	二ゴ			三ゴ	右安	遊ゴ			
6	投	福間 納									
6	投	中西 清起									
7	（遊）	平田 勝男		四球	一ゴ		遊ゴ		右安		
8	（捕）	木戸 克彦		捕犠打	三ゴ		中安				
8	走中	北村 照文							投犠打		
9	（投）	工藤 一彦		一ゴ		遊ゴ					
9	打	長崎 啓二					右直				
9	左	吉竹 春樹							一ゴ		

　テーブルスコアでは誰が安打を処理したかがわかるから、安打の発生方向も判断できる。「左安」ならレフト方向、「中安」ならセンター方向、「右安」ならライト方向といった具合だ。こうして対戦相手のテーブルスコアを調べれば、遊撃手が守備に就いている間に発生した安打の方向を特定できる。

　ここでは一例として1985年のデータを示したが、少なくとも1950年以降のテーブルスコアは遡って入手することができる。しかし、安打の発生方向を示すデータが手に入ったところで、それをどのように評価に組み込めばよいのだろうか。本稿では、UZRの評価体系を流用してこれに対応する。

3．ゴロ処理評価（RngR）

　まずはテーブルスコアを活用したゴロ処理の評価方法を考えていきたい。そこで、特定した安打の発生方向を評価に盛り込むため、UZRにおけるゴロ処理の評価方法をはじめに簡単に確認してみよう。

　UZRは安打の発生方向を、「責任安打（遊撃手の責任によって発生した安打）」の集計に活用する。遊撃手が記録したゴロアウト・責任安打・失策出塁の数から、ゴロ処理成績を評価するのが大まかな評価の枠組みとなっている。

　こうした枠組みを流用して、テーブルスコアからゴロ処理の評価を行ってみよう。そのためにはゴロアウト・責任安打・失策出塁を集計する必要がある。

（1）ゴロアウトを集計する

　遊撃手の獲得したゴロアウトは、対戦相手のテーブルスコアから集計できる。テーブルスコアで記録される打撃結果には様々な項目があるが、その中で遊撃手がゴロアウトを獲得したと判断できるものを表2に示した。

■ 表2　遊撃手のゴロアウト

対象	表記	内容
★	遊ゴ	通常のゴロアウト
★	遊ゴ＊	ゴロアウトの見込みだったが、他者のエラーで出塁
★	遊併	通常のダブルプレー
★	遊併失	併殺の見込みだったが、ピボット選手のエラーで一塁生還
	遊犠打	バントを処理して一塁でアウト

　今回は★を付けたものを集計対象とした。犠打を含めないのは、犠打を多く仕掛けられた遊撃手が高評価される状況を避けるためだ。犠打は通常のゴロと比べてアウトになる確率が高いため、他のゴロアウトとは区別するのが適切だと考えられる。

　また、「遊ゴ＊」は実際にはアウトを取れていないが、他者のエラーがなければアウトが取れたという判断でUZRではゴロアウトと記録される。ここではUZRに倣ってゴロアウト扱いとした。また、「遊併失」は併殺こそ取れていないが、遊撃手の送球によって一つ目のアウトは取れているのでゴロアウト扱いとなる。

　対戦相手のテーブルスコアからこれらの数を集計すれば、ゴロアウト集計は完了である。ちなみに、なぜ補殺を使わないのかと疑問に思う方もいるかもしれないが、これはテーブルスコアからはゴロアウト数を直接集計できるのに対して、補殺からはゴロアウトとピボットの合計値しかわからないためである。ゴロアウト数を正確に集計できることも、テーブルスコアを活用するメリットと言えるだろう。

（2）責任安打を集計する

　ここからは対戦相手のテーブルスコアから責任安打を集計する。まずはテーブルスコア上で識別できる安打種類を全て確認しよう。集計媒体によって形式が異なると思われるが、今回使用したデータでは表3のようになっている。

■ 表3　テーブルスコア上で識別できる安打種類

投安	投2	投3	左本
捕安	捕2	捕3	中本
一安	一2	一3	右本
二安	二2	二3	左走本
三安	三2	三3	中走本
遊安	遊2	遊3	右走本
左安	左2	左3	
中安	中2	中3	
右安	右2	右3	
左線安	左線2	左線3	
右線安	右線2	右線3	
右中安	右中2	右中3	
左中安	左中2	左中3	
左越安	左越2	左越3	
中越安	中越2	中越3	
右越安	右越2	右越3	

※安は単打、2は二塁打、3は三塁打、本は本塁打を指す

　これがテーブルスコアにおける安打の分類となる。次に全ての分類に対して「打球が安打になった責任を遊撃手がどれだけ負うか」を定める。ここでいう「責任」とは、「遊撃手がゴロアウトを取り損ねたことでその安打が発生する」ことに対する責任である。UZRでも全ての安打の分類に対して、「打球が安打になった責任を遊撃手がどれだけ負うか」を定める。ここではテーブルスコアの安打の分類に対して、同じように遊撃手の責任を定めていく。

　まずは内野安打について見ていこう。内野安打は「処理した選手が100％責任を負う」とみなすのが適切だろう。よって、「遊安」「遊2」「遊3」は遊撃手が100％の責任を負って、それ以外の内野安打は責任を負わないものとした。厳密に言えば、「遊撃手にゴロを処理する能力がなかったために、三塁手が代わりに処理して内野安打が発生した」ケースもあると思われるが、全体の中では少数だと考えられる。

　次に外野安打を見ていく。遊撃手がゴロアウトを取り損ねたことで長打が発生するケースはほぼないため、二塁打・三塁打・本塁打は責任を負わないとしても問題ないだろう。次に遊撃手の定位置を考えると、右方向の単打（右安・右○安）、ファウルライン付近の単打（○線安）、外野手の頭上を越える単打（○越安）にはゴロ捕球では関与できないため、責任を負わないものとするのが適切である。これで残るは左安、中安、左中安の3つとなる。

　左安は遊撃手が三遊間のゴロを取り損ねると発生し、中安は二遊間のゴロを取り損ねると発生する。よって、これらは遊撃手が一定の責任を負うものと考えるべきだ。その一方で、判断が難しいのが左中安である。

　左中間方向は、遊撃手の定位置付近なのでゴロは安打になりにくい一方、外野手の定位置からは遠いためフライとライナーは安打になりやすい。それを踏まえると、遊撃手がゴロを取り損ねたことで記録される左中安は希少だと考えられる。よって、左中安の発生には遊撃手は責任を負わないものとするのがベターだろう(ただし、今回使用したテーブルスコアは左中安の絶対数が少ないため、その責任配分は全体の結果に顕著な影響を与えないと考えられる)。

　以上より、「遊撃手がゴロアウトを取り損ねたことで発生する責任を負う安打」を、遊安、遊2、遊3、左安、中安の5つと特定できた。しかし、左安と中安は左翼手や中堅手がフライを取り損ねるなど他の要因でも発生しうるため、遊安のように遊撃手に100%の責任を負わせるのは不適切だ。そこで遊撃手が何%の責任を負うかを定量的に決定する必要がある。

　ここでもUZRの考え方を転用しよう。UZRでは安打に対する責任を、その安打が発生したゾーンの中で獲得されたアウトの割合に応じて決定する。例えば、三遊間にあるゾーンにおいて、NPB全体でゴロアウトの70%を遊撃手、30%を三塁手を獲得した場合、そこで発生したゴロ安打は遊撃手が70%の責任を負い、三塁手が30%の責任を負うとみなされる。アウトを多く取れるポジションの方が安打を阻止するチャンスが多いと考えれば、妥当な考え方だろう。この考え方を転用する。

　そこでグラウンドを左翼方向、中堅方向、右翼方向の3つのゾーンに分割する。左翼方向が左安、中堅方向が中安に対応している。左翼方向に着目すると、このゾーンの中で安打の発生を阻止する場合、以下の9パターンのアウトが考えられる。

・三塁手が取る　①ゴロアウト　②フライアウト　③ライナーアウト
・遊撃手が取る　④ゴロアウト　⑤フライアウト　⑥ライナーアウト
・左翼手が取る　⑦ゴロアウト　⑧フライアウト　⑨ライナーアウト

　これらのアウトの割合から左安に対して遊撃手が負う責任を決定する。ただし、この割合は打者によって異なることが知られているため(例を挙げると、一般的に左翼方向では左打者はゴロアウトが多くなる一方、右打者はフライアウトが多くなる傾向がある)、ここでは安打を記録した打者のアウト割合を活用する。

■ 表4　2019年坂本 勇人のアウト分布と安打責任配分（左翼方向）

処理者	打球種類	個数		調整後		責任配分
三塁手	ゴロ	29		29		37.7%
	フライ	1		-		0.0%
	ライナー	3		3		3.9%
遊撃手	ゴロ	43	→	24	→	31.2%
	フライ	6		-		0.0%
	ライナー	2		1		1.3%
左翼手	ゴロ	0		0		0.0%
	フライ	20		20		26.0%
	ライナー	0		0		0.0%

　ここでは2019年の坂本勇人（表4）を例に説明したい。左の表は生のアウト個数を示しており、三塁手へのゴロが29個、フライが1個、ライナーが3個……となっている。これを元に左安の責任配分を決定するが、一部の項目では調整が必要となる。これは内野フライおよび遊撃手のゴロとライナーが対象となる。

　内野フライはほぼアウトになるため、「内野フライを取り損ねたことで発生する左安」はほとんどない。よって左安における「内野手がフライを取れなかったことにより発生した責任」は0％とみなしてよい。ここでは安打の責任配分を決める際、内野フライアウトを除外することで責任を0％に設定した。

　次に、左安の責任配分を割り出すために左翼方向のアウト分布が必要となるが、遊撃手の守備範囲は左翼方向と中堅方向にまたがっているため、遊撃手のアウトは左翼方向で発生したものかわからないという問題がある。今回は左翼方向のアウトを割り出すためにUZRのデータを活用する。

■ 表5　遊撃手が獲得したアウトの方向

打球種類	左翼方向	中堅方向
ゴロ	55.8%	44.2%
ライナー	49.6%	50.4%

　表5は、2014年から2019年における全遊撃手のゴロアウトとライナーアウトを、左翼方向と中堅方向に分類したものである[7]。遊撃手の定位置は左翼中堅の境界上に存在するため、アウトは左翼方向と中堅方向でおよそ半々の分布となっているが、ゴロアウトは左翼方向へ若干偏っているようだ。今回は遊撃手のアウトがこの割合で

[7]　UZRでの打球情報の記録は、本塁を起点にフェアグラウンドをCからXまでの22個の角度に分割するため、ここで3等分して左翼方向、中堅方向、右翼方向とした。具体的にはCからIとJの1/3が左翼方向、Jの2/3とKとPとQの2/3を中堅方向、Qの1/3とRからXまでを右翼方向と定義している。

左翼方向と中堅方向で獲得されたものとみなした(なお、この割合を10%程度変えても、結果の変動は年間1点未満に収まる)。

内野フライアウトを除外して、遊撃手のゴロアウトとライナーアウトを左翼方向に限定したのが表4の中央にある調整後の数字だ。このアウトの数に比例して責任が発生するものとして、右端の責任配分が求められる。これで左安における「遊撃手がゴロを取れなかったことにより発生した責任」を31.2%と計算できた。ちなみに、遊撃手がライナーアウトを取り損ねたことによる責任を1.3%と計算しているが、今回はゴロ処理だけを評価するため、これは評価対象に含めない。

中安も同じ理屈で計算できる。中堅方向のゾーンで中安の発生を阻止する場合、以下の12パターンのアウトが考えられる。こちらも2019年の坂本勇人(表6)を例に説明したい。

- ・投手が取る　　①ゴロアウト　②フライアウト　③ライナーアウト
- ・二塁手が取る　④ゴロアウト　⑤フライアウト　⑥ライナーアウト
- ・遊撃手が取る　⑦ゴロアウト　⑧フライアウト　⑨ライナーアウト
- ・中堅手が取る　⑩ゴロアウト　⑪フライアウト　⑫ライナーアウト

■ 表6　2019年坂本 勇人のアウト分布と安打責任配分(中堅方向)

処理者	打球種類	個数	調整後	責任配分
投手	ゴロ	8	8	9.5%
	フライ	0	-	0.0%
	ライナー	1	1	1.2%
二塁手	ゴロ	17	8	9.3%
	フライ	14	-	0.0%
	ライナー	5	3	3.1%
遊撃手	ゴロ	43	19	22.5%
	フライ	6	-	0.0%
	ライナー	2	1	1.2%
中堅手	ゴロ	0	0	0.0%
	フライ	45	45	53.3%
	ライナー	0	0	0.0%

こちらも左安と同じ調整を行っていく。二塁手は守備範囲が中堅方向と右翼方向にまたがっているため、遊撃手と同じようにUZRから集計したアウト方向(表7)を活用する。ここでは二塁手のアウトはこの割合で獲得されたとみなした。

■ 表7　二塁手が獲得したアウトの方向

打球種類	中堅方向	右翼方向
ゴロ	46.4%	53.6%
ライナー	51.5%	48.5%

　内野フライアウトを除外して、二塁手と遊撃手のアウトを中堅方向に限定したのが表6中央の数字だ。このアウトのシェアから右端の責任配分が計算できる。これで中安における「遊撃手がゴロを取れなかったことによって発生した責任」を22.5%と計算できた。こちらもライナーについては評価に含めない。

　ここまで計算したのは「坂本勇人の記録した」左安と中安の責任配分に過ぎないため、全打者について左安と中安の責任配分を計算する。あとは評価したい遊撃手が守備に就いた時に記録された各打者の左安と中安の本数に掛け算して、前述した遊安、遊2、遊3も加えれば、責任安打数の集計は完了である。

（3）失策出塁を集計する

　次に、テーブルスコアから遊撃手が記録した失策出塁を集計する。遊撃手がゴロ処理で記録する失策出塁は、表8に示した5項目が該当する。

■ 表8　遊撃手の失策出塁

対象	表記	内容
★	遊ゴ失	ゴロ処理時の失策による出塁
★	遊犠失	犠打処理時の失策による出塁
★	遊妨安	走塁妨害・守備妨害による出塁（記録上は安打扱い）
★	遊野選	フィルダースチョイスによる出塁
★	遊野犠	犠打処理時のフィルダースチョイスによる出塁

　これらの失策は全て遊撃手が処理した際に発生したものである。よって、左安や中安のように責任配分を考える必要はなく、遊撃手が責任を100%負うと考えるのが適切だろう。

　「遊妨安」について補足したい。ここでいう走塁妨害は、遊撃手が走者と接触したことで打者走者に出塁が認められたケース、守備妨害は、打者の打球が走者に接触したことで走者がアウト、打者走者に出塁が認められたケースを指す。これらが発生した時に、その事象が発生しなければ安打になりえたと審判員が判断した場合、安打が記録されるケースがある。

　遊撃手が走塁妨害を起こして出塁を許した場合、失策出塁と同様に扱うのが適切である。また、守備妨害が発生した場合も、走者に打球が直撃しなければ、遊撃手

の守備範囲内において安打が発生する可能性が高いと判断されているため、遊安と同じように遊撃手が責任を100％負うものとした(ただし、絶対数が極めて少ないため、責任配分を変えても結果にはほとんど影響を与えない)。

(4)得点に換算する

ここまでに集計したデータから得点換算での評価を行う。一例として、ここでは2019年の成績から実際に計算してみよう。ゴロアウト・責任安打・失策出塁の合計を「遊撃手の守備範囲内に打球が飛んできた数(被打球数)」とみなし、被打球に対して各チームの遊撃手がどのような成績を記録したかを表9に記した。

■ 表9　各チーム遊撃手の責任安打・失策出塁・ゴロアウト(2019年)

リーグ	チーム	被打球	アウト	単打	二塁打	三塁打	失策出塁	wOBA	wRAA
セ	巨人	506	347	150	0	0	9	.274	3.9
セ	阪神	601	398	177	0	0	26	.297	-6.4
セ	中日	527	375	141	1	0	10	.252	13.4
セ	広島	520	349	154	0	0	17	.287	-1.6
セ	ヤクルト	547	342	186	1	0	18	.328	-19.7
セ	DeNA	549	385	154	0	0	10	.260	10.3
パ	ソフトバンク	523	359	153	0	0	11	.274	-4.0
パ	西武	565	400	157	0	0	8	.254	5.0
パ	ロッテ	520	353	156	0	0	11	.280	-6.4
パ	オリックス	512	350	149	0	0	13	.276	-4.8
パ	楽天	523	362	147	1	0	13	.270	-2.4
パ	日本ハム	513	375	133	0	0	5	.234	12.6
セ	合計	3250	2196	962	2	0	90	.284	-
パ	合計	3156	2199	895	1	0	61	.264	-

まずはこれらのデータを使ってwOBA(weighted On-Base Average)を計算する。wOBAは得点期待値の研究をベースに、対象の事象が失点に対して与えた影響を定量化する指標である。wOBAの式は以下のものを使用した[8]。

wOBA＝(0.865×単打+1.334×二塁打+1.725×三塁打+0.966×失策出塁)／被打球

この数値は遊撃手の守備範囲内に打球が飛んできた時、1個あたりどれだけ失点の期待値が増えたかを示している。これを「平均と比べてどれだけ失点を減らしたか」を示すwRAA(weighted Runs Above Average)に換算する。ここでは以下の式を使用した(打撃指標のwRAAとは正負が反転している点に注意していただきたい)。

[8]　係数は1.02-Essence of Baseballから引用した。

wRAA=（リーグ平均 wOBA － wOBA）×被打球／ 1.24

　こうして算出した wRAA が「平均と比べてゴロ処理でどれだけ失点を減らしたか（RngR）」の最終評価となる。

　最後にどれだけ正確な評価ができるかを確認したい。こちらも UZR との相関の強さから精度を定量化する。これは UZR で言うと RngR と ErrR を合わせたものに相当するため、RngR と ErrR の合計値と比較する（図 3 〜 4）。今回計算した指標は同リーグ 6 球団を基準とするため、6 球団平均基準に調整した UZR とも比較した。また、2014 年から 2019 年のチーム成績を用いた（n=72）。

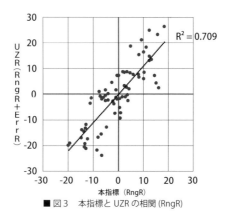

■ 図 3　本指標と UZR の相関（RngR）

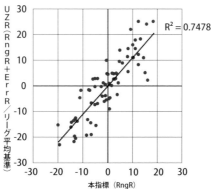

■ 図 4　本指標と UZR（リーグ平均基準）の相関（RngR）

決定係数は通常の UZR との比較では 0.709、6 球団平均基準に調整した UZR では 0.7478 となった。RRF と比べて高い数値であり、従来より高精度でのゴロ処理評価が可能になったと言える。

4．併殺獲得評価（DPR）

ここからはテーブルスコアを活用した併殺獲得の評価手法を考えていく。UZR は「一塁走者がいて」「0 死か 1 死で」「ゴロを処理した選手が二塁へ送球した」時に、どれだけの割合で併殺を取れたかを評価する。こちらもこの考え方を流用しよう。

テーブルスコアからは「ゴロを処理した選手が二塁へ送球したか」の推定は難しいが、一塁走者の有無とアウトカウントは推定できる。そこで、「一塁走者がいて 2 死ではない」状況においてゴロアウトを記録された時に、どれだけの割合で併殺を記録できたかをここでは評価基準とする。そのために、各ゴロアウトが記録された時の走者とアウトカウントを推定しなければならない。

（1）走者の推定

これはテーブルスコアを時系列順に並べることで推定できる。このイメージが湧きづらい方もいると思われるので、一例を表 10 に示した。

■ 表10　2009 年 6 月 11 日のロッテ対広島戦の
6 回裏に記録されたテーブルスコア

順番	選手	打席結果	順番	選手	打席結果
1	福浦 和也	左安	11	大松 尚逸	右線二
2	大松 尚逸	三飛	12	堀内 久雄	右安
3	井口 資仁	中安	13	橋本 将	中安
4	橋本 将	右安	14	サブロー	中安
5	サブロー	四球	15	里崎 智也	中安
6	里崎 智也	中安	16	ランビン	死球
7	ランビン	左安	17	今江 敏晃	遊ゴ失
8	今江 敏晃	四球	18	田中 雅彦	中犠飛
9	早坂 圭介	死球	19	堀 幸一	中安
10	福浦 和也	右安	20	大松 尚逸	右飛

こうして眺めると、打撃結果の中に「一塁走者を生成するもの」と「一塁走者を消滅させるもの」があることがわかる。

例えば、先頭打者の福浦は「左安」を記録しているが、これは一塁走者を生成す

る打撃結果である。当たり前の話であるが、一塁への出塁がなければ一塁走者は生まれない。よって、単打、四死球、失策出塁、例外的なものまで網羅するなら、打撃妨害・走塁妨害による出塁、振り逃げなどは一塁走者を生成する打撃結果である。

次に、11番目の打者である大松は「右線二」を記録しているが、これは一塁走者を消滅させる打撃結果である。長打は全ての走者を一塁より奥まで押しやるので、発生後には一塁走者は必ずいなくなる。また、一塁走者が消えるか二塁に移動して打者走者がアウトになる確率の高い併殺打、および打者走者がアウトになり、かつ一塁走者が二塁まで移動する犠打も一塁走者を消滅させる打撃結果と言える。

以上を踏まえると、一塁走者の有無は次のルールで推定できる。

① イニング開始時は一塁走者がいないものとする

② 単打、四死球、失策出塁 etc が記録されると、一塁走者が生成される

③ 長打、併殺打、犠打が記録されると、一塁走者が消滅する

④ 上記以外の打撃結果が記録されると、前の状態を引き継ぐ

（2）アウトカウントの推定

「2死であるか」は時系列順に並べたテーブルスコアを活用すれば簡単に推定できる。なぜなら、2死で記録されたゴロアウトは必ずそのイニングの最終打席となるからである。つまり、イニングの最終打席となったゴロアウト（併殺除く）は2死で、それ以外のゴロアウトは0死か1死で記録されたと推定できる。

（3）得点に換算する

併殺獲得機会にあたる「0死か1死」で「一塁走者がいる」状況を推定できたため、この状況下で記録されたゴロアウトに対して、どれだけの割合で併殺を取れたかを評価することで得点に換算する。こちらも2019年の各チームのデータ（表11）から実際に割り出してみよう。

■ 表11　各チームの併殺獲得機会と併殺数（2019年）

セ・パ	チーム	併殺獲得機会						併殺獲得						余剰併殺獲得						遊撃手DPR
		投	捕	一	二	三	遊	投	捕	一	二	三	遊	投	捕	一	二	三	遊	
セ	巨人	32	7	22	65	48	89	9	1	3	25	20	43	-1.6	-0.4	-0.8	0.4	-0.4	-3.9	-1.6
セ	阪神	43	9	41	71	58	103	18	3	9	20	23	57	3.8	1.1	2.0	-6.8	-1.6	2.7	0.7
セ	中日	24	6	31	63	48	73	9	1	3	26	17	45	1.1	-0.2	-2.3	2.2	-3.4	6.5	1.9
セ	広島	28	7	34	54	48	66	5	1	7	22	26	33	-4.2	-0.4	1.2	1.6	5.6	-1.8	-1.0
セ	ヤクルト	31	3	26	83	52	59	12	0	4	35	21	30	1.8	-0.6	-0.4	3.6	-1.1	-1.1	0.8
セ	DeNA	33	2	33	69	36	75	10	1	6	25	16	37	-0.9	0.6	0.4	-1.1	0.7	-2.5	-0.9
パ	ソフトバンク	33	9	44	81	39	72	11	3	11	31	13	29	-4.4	1.0	1.1	-0.8	-1.8	-3.2	-1.6
パ	西武	32	4	30	80	56	84	11	0	7	37	19	39	-0.9	-0.9	0.3	5.6	-2.2	1.4	1.9
パ	ロッテ	30	8	29	87	40	71	8	2	4	31	14	32	-1.4	0.3	-3.5	-3.2	-1.2	0.2	-1.7
パ	オリックス	31	4	31	70	44	73	11	3	2	29	23	34	5.2	0.1	-4.0	1.5	6.3	1.3	1.1
パ	楽天	25	5	32	55	37	62	11	0	11	19	17	24	3.1	-1.1	3.8	-2.6	3.0	-3.7	-0.1
パ	日本ハム	27	2	34	62	37	65	5	1	9	24	10	33	-3.5	0.6	1.4	-0.4	-4.0	3.9	0.5
セ	合計	191	34	187	405	290	465	63	7	32	153	123	245	-	-	-	-	-	-	-
パ	合計	178	32	200	435	253	427	56	7	45	171	96	191	-	-	-	-	-	-	-

　表中のポジションはゴロアウトの起点となった守備者を示し、併殺獲得機会は「併殺が獲得できる状況においてゴロアウトが発生した数」、併殺獲得は「併殺を実際に獲得した数」を表す。まずはこれを活用して平均的な併殺獲得率を計算する。これはリーグ全体の併殺獲得数を併殺獲得機会数で割ることで求められる。

平均併殺獲得率＝リーグ併殺獲得／リーグ併殺獲得機会

　あとは下式のように、評価対象チームが記録した併殺数から、「平均的なチームが同じ併殺獲得機会を得た時にどれだけの併殺を記録できるか」を引けば、余剰併殺獲得が求められる。この計算結果を表11の右に示した。

余剰併殺獲得＝チーム併殺獲得－チーム併殺獲得機会×平均併殺獲得率

　余剰平均獲得は、投手、捕手、一塁手、二塁手、三塁手、遊撃手が起点となった併殺を平均的なチームと比べて何個多く獲得したかを示す。この数値を「遊撃手が併殺獲得でどれだけチームの失点を減らしたか」に換算していく。
　遊撃手は併殺の起点（スタート）だけでなく、送球を中継するピボットプレーでも併殺獲得に貢献できる。UZRでは併殺獲得をスタート選手とピボット選手の手柄とするため、ここではこの考え方を流用する。

　投手、捕手、一塁手、二塁手が起点となる併殺は、その大半で遊撃手がピボット選手となる。今回はこれらの併殺は全て遊撃手がピボット選手となったものとした。遊撃手がスタート選手となる併殺をどれだけ多く取れたかは、表 11 の遊撃手の項目、遊撃手がピボット選手となる併殺をどれだけ多く取れたかは、表 11 の投手、捕手、一塁手、二塁手の項目の合計から判別できる。

　注意すべきは、併殺獲得はスタート選手とピボット選手の共同作業であるため、増やした併殺獲得が全て遊撃手の手柄になるわけではないことだ。今回はスタート選手とピボット選手の手柄を半々として評価する。よって、投手、捕手、一塁手、二塁手、遊撃手の余剰併殺獲得の合計を半分にしたものが「遊撃手が平均と比べて増やした併殺数」となる。併殺を 1 個増やすと失点は 0.52 点減るので[9]、「平均と比べて遊撃手が併殺獲得でチームの失点を何点減らしたか」は、以下で計算できる。

　併殺評価（DPR）＝（投・捕・一・二・遊ゴロの余剰併殺獲得合計）／ 2 × 0.52

　これで併殺獲得評価（DPR）を算出できた。こちらもどれだけ正確な評価ができるかを確認したい。ここでは UZR の DPR との相関の強さから精度を定量化する。今回計算した指標はリーグ 6 球団を基準とする指標なので、6 球団平均基準に調整した UZR とも比較した（図 5 〜 6）。また、2014 年から 2019 年のチーム成績を用いた（n=72）。

[9]　係数は 1.02 -Essence of Baseball から引用した。

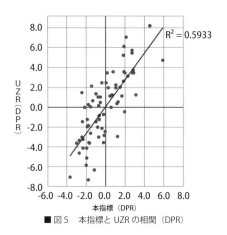

■ 図5　本指標と UZR の相関（DPR）

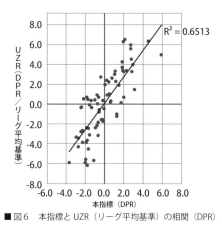

■ 図6　本指標と UZR（リーグ平均基準）の相関（DPR）

　決定係数は通常の UZR との比較では 0.5933、6 球団平均基準に調整した UZR では 0.6513 となった。RngR ほど高精度ではないが、一定の精度で併殺獲得の評価ができるようになったと言える。

5．遊撃手の出場状況の特定

　ここまでは各打球が発生した時の遊撃手が既知という前提の元、ゴロ処理と併殺獲得の評価方法について論じてきた。しかし、日本プロ野球では各遊撃手がどのタ

イミングで出場したかはデータとして公開されていないため、こちらについては別途割り出す必要がある。テーブルスコアには各選手のおおまかな起用が記載されているため、これを活用した遊撃手の出場状況の特定について論じていく。

（1）偵察メンバーの除外

　まずはテーブルスコアにおいて遊撃手で出場した扱いになっている選手のうち、偵察メンバーを除外する。偵察メンバーとは、試合開始直後に交代する前提でスタメンオーダーに名前が載る選手のことだ。例えば、チームに右打ちと左打ちの準レギュラー格の遊撃手がいるような場合に、遊撃手のスタメンオーダーに登板予定のない投手を記載しておいて、相手チームの先発投手が確定してから、その左右に合わせてどちらかを出場させるという使い方がなされる。現在は両リーグに予告先発制度が導入されて、試合前に相手先発がわかるようになったため、こうした起用はほとんど見られなくなったが、それ以前はしばしば見られた起用法だ。

　どのように除外するかというと、守備成績を利用する。1976年以降は、偵察メンバーとしての出場は、守備成績上では出場としてカウントされなくなった。そこで、守備成績では遊撃手として1試合も出場していないにもかかわらず、テーブルスコアで遊撃手として出場している選手を除外すれば、偵察メンバーを除外することができる。

（2）フル出場からの特定

　特定が最も簡単なケースは、試合において遊撃手が1人しか出場していない場合である。その遊撃手がフル出場しているわけだから、その試合において相手チームが記録したテーブルスコアは、その遊撃手が守備に就いている際に記録されたことがわかる。

　遊撃手は守備の上手い選手がレギュラーとして起用される傾向が強いためか、他のポジションと比べても途中交代が少ない。今回算出を行った1983年以降では、全体の試合の80.7％において遊撃手がフル出場していた。この分についてはプレーの責任者を完全に特定できたことになる。

（3）代打からの特定

　テーブルスコアからは各選手が打席に立ったタイミングがわかる。これを活用すれば、代打のタイミングから遊撃手が交代したタイミングを特定できる。具体的に

テーブルスコアを活用した疑似UZRによる遊撃守備評価

71

活用できるのは以下のシチュエーションだ。

① 代打で出場した選手がそのまま遊撃守備に就いたケース

② 代打のみで出場した選手が交代し、次の選手が遊撃守備に就いたケース

③ 遊撃手が代打を出されたケース

それぞれについて具体的な特定方法を見ていこう。

① 代打で出場した選手がそのまま遊撃守備に就いたケース

ここでは一例として、2019 年 7 月 23 日のオリックス対日本ハム戦のテーブルスコアを挙げる（表 12）。

■ 表 12　2019 年 7 月 23 日のオリックス対日本ハム戦におけるテーブルスコア（オリックス側抜粋）

打順	起用	選手	1 回	2 回	3 回	4 回	5 回	6 回	7 回	8 回	9 回
7	(遊)	大城 滉二		遊ゴ			右飛		三ゴ失		
7	中	後藤 駿太									三振
8	(中)	小田 裕也		三振				一ゴ			
8	打遊	安達 了一							中飛		

この試合では大城が遊撃手で先発して、途中で安達に交代している。ここで安達は代打から出場して遊撃守備に就いているが、テーブルスコア上だと安達の第 1 打席は 7 回に記録されている。この試合は安達の所属するオリックスのホームゲームなので、安達が守備に就いたのは 8 回表だと特定できる。

② 代打のみで出場した選手が交代し、次の選手が遊撃守備に就いたケース

ここでは一例として、2019 年 6 月 9 日の DeNA 対西武戦のテーブルスコアを挙げる（表 13）。

■ 表 13　2019 年 6 月 9 日の DeNA 対西武戦におけるテーブルスコア（DeNA 側抜粋）

打順	起用	選手	1 回	2 回	3 回	4 回	5 回	6 回	7 回	8 回	9 回
1	(中)	神里 和毅	二安	捕ゴ			投野選				
1	投	三嶋 一輝									
1	打	ソト							三振		
1	投	エスコバー									
1	打	楠本 泰史								左本	
1	遊	大和									
8	(遊)二	柴田 竜拓		二ゴ		中飛		右飛		四球	

この試合では柴田が遊撃手で先発して、途中で大和に交代している。大和の前

に楠本が代打で8回に打席を記録し、そのまま守備に就かず交代しているため、大和はこの次のイニングから守備に就いたことがわかる。この試合は大和の所属するDeNAのホームゲームなので、大和が守備に就いたのは9回表だと特定できる。

③ 遊撃手が代打を出されたケース

ここでは一例として、2019年4月24日のロッテ対西武戦のテーブルスコアを挙げる（表14）。

■ 表14　2019年4月24日のロッテ対西武戦におけるテーブルスコア（ロッテ側抜粋）

打順	起用	選手	1回	2回	3回	4回	5回	6回	7回	8回	9回
2	（右）	清田 育宏	右線二		四球		三振		二ゴ		
2	遊	三木 亮									三振
8	（遊）	藤岡 裕大		左安			三飛				
8	打	バルガス							三振		
8	捕	田村 龍弘									四球

この試合では藤岡が遊撃手で先発して、途中で三木に交代している。藤岡は代打のバルガスと交代しているが、バルガスは7回に第1打席を記録している。この試合は藤岡の所属するロッテのホームゲームなので、藤岡は7回表まで守備に就き、8回表からは三木が守備に就いたと特定できる。

（4）代走からの特定

代打と同じような考え方で、代走からも交代のタイミングを特定できる。具体的に活用できるのは以下のシチュエーションだ。

① 代走で出場した選手がそのまま遊撃守備に就いたケース
② 代走のみで出場した選手が交代し、次の選手が遊撃守備に就いたケース
③ 遊撃手が代走を出されたケース

それぞれについて具体的な特定方法を見ていこう。

① 代走で出場した選手がそのまま遊撃守備に就いたケース

ここでは一例として、2019年5月6日の西武対楽天戦におけるテーブルスコアを挙げる（表15）。

■ 表15　2019年5月6日の西武対楽天戦におけるテーブルスコア（楽天側抜粋）

打順	起用	選手	1回	2回	3回	4回	5回	6回	7回	8回	9回
1	(遊)三	茂木 栄五郎	四球		中飛	左飛		遊安	二飛		三振
5	(三)	ウィーラー		死球		左線二		三振	右安	四球	
5	走遊	三好 匠									

　この試合では茂木が遊撃手で先発して、途中で三好に交代している。三好はウィーラーの代走として出場してそのまま守備に就いた。ウィーラーの最終打席は8回であり、この試合は三好の所属する楽天のビジターゲームなので、三好は8回裏から守備に就いたと特定できる。

②　代走のみで出場した選手が交代し、次の選手が遊撃守備に就いたケース

　ここでは一例として、2019年5月31日のソフトバンク対楽天戦におけるテーブルスコアを挙げる（表16）。

■ 表16　2019年5月31日のソフトバンク対楽天戦におけるテーブルスコア（楽天側抜粋）

打順	起用	選手	1回	2回	3回	4回	5回	6回	7回	8回	9回
1	(遊)三	茂木 栄五郎	三振		三振			中安		中安	
7	(三)	今江 年晶		三振			投直			左安	
7	走	オコエ 瑠偉									
7	遊	村林 一輝									三ゴ

　この試合では茂木が遊撃手で先発して、途中で村林に交代している。村林の出場経緯を見ると、今江が8回に最終打席を記録して、オコエがその代走として出場し、そのまま守備に就かずに村林に交代している。この試合は村林の所属する楽天のビジターゲームなので、村林は8回裏から守備に就いたと特定できる。

③　遊撃手が代走を出されたケース

　ここでは一例として、2013年8月25日の広島対ヤクルト戦におけるテーブルスコアを挙げる（表17）。

■ 表17　2013年8月25日の広島対ヤクルト戦におけるテーブルスコア（広島側抜粋）

打順	起用	選手	1回	2回	3回	4回	5回	6回	7回	8回	9回
5	(遊)	梵 英心	ニゴ			左安	三振			四球	
5	走	赤松 真人									
5	投	ミコライオ									
7	(三)遊	木村 昇吾		投ゴ		四球		四球		三犠打	

　この試合では梵が遊撃手で先発して、途中で木村に交代している。梵は8回に最終打席を記録して代走を出されているため、この試合は梵の所属する広島のホーム

ゲームということを踏まえると、梵は8回表まで守備に就き、9回表から木村に交代したと特定できる。

（5）投手との交代からの特定

投手が打順に入らないパ・リーグでは活用できない方法だが、投手はどのタイミングで登板したかが記録されているため、投手と入れ替わりで出場したケースは交代のタイミングを特定できる。具体的に活用できるのは以下のシチュエーションだ。

① 遊撃手から投手に交代したケース

② 投手から遊撃手に交代したケース

こちらもそれぞれについて具体的な特定方法を見ていこう。

① 遊撃手から投手に交代したケース

ここでは一例として、2019年6月22日の巨人対ソフトバンク戦におけるテーブルスコアを挙げる（表18）。

■ 表18　2019年6月22日の巨人対ソフトバンク戦におけるテーブルスコア（巨人側抜粋）

打順	起用	選手	1回	2回	3回	4回	5回	6回	7回	8回	9回
1	（右）	亀井 善行	遊ゴ		中安		遊飛		右越二		
1	遊	山本 泰寛									
2	（遊）	坂本 勇人	三振		左安		三振		右犠飛		
2	投	髙木 京介									
2	投	澤村 拓一									

この試合では坂本が遊撃手で先発して、途中で山本に交代している。これを見ただけだと坂本がどのタイミングで交代したのか判断できないが、投手成績を確認すると坂本と交代した髙木が8回の頭から登板している。この試合が坂本の所属する巨人のホームゲームということを踏まえると、坂本は7回表まで守備に就いて、8回表からは山本に交代したと特定できる。

② 投手から遊撃手に交代したケース

ここでは一例として、2019年8月25日の巨人対DeNA戦におけるテーブルスコアを挙げる（表19）。

■ 表19　2019年8月25日の巨人対 DeNA 戦におけるテーブルスコア（DeNA 側抜粋）

打順	起用	選手	1回	2回	3回	4回	5回	6回	7回	8回	9回
1	（右）	梶谷 隆幸	三振		三振		一ゴ		四球		
1	投	エスコバー									
1	遊	大和									
7	（遊）二	柴田 竜拓			右線二	三振			捕犠打		左飛
2	投	澤村 拓一									

　この試合では柴田が遊撃手で先発して、途中で大和に交代している。投手成績を確認すると、7回を投げ切ったエスコバーが大和に交代しているため、この試合が大和の所属する DeNA のビジターゲームということを踏まえると、大和は8回裏から守備に就いたと特定できる。

　今回算出を行った1983年以降では、ここまでの（1）から（5）を組み合わせることで、全体の93.0％の試合でプレーの責任者を完全に特定できた。残りの7.0％の試合については、周辺情報から出場状況の推定を行った。

（6）周辺情報からの推定

　遊撃出場した選手がどのイニングで打席に立ったかはわかっているため、その情報から推定を行う。今回は以下の3つのルールによって出場状況を推定した。

① 試合中に守備位置変更なしで遊撃手が交代した場合、最終打席のイニングの次の守備イニングで交代したものと仮定する
② 遊撃手が途中出場した場合、第1打席のイニングのひとつ前のイニングから守備に就いたものと仮定する
③ ①と②で決定できなかった場合、最後の1イニングだけ守備に就いたものと仮定する

　従来の刺殺・補殺を活用する評価手法では、守備イニングが公開されていない中、周辺情報からシーズン全体の出場量を推計することしかできなかったため、その推計精度に大きな課題があった。

　今回の評価手法では、試合単位データを活用することで、93.0％の試合で責任者を完全に特定した上で残りを推計する方式を取っているため、従来と比べて個人単位の成績をより正確に評価できるようになったと考えられる。プレーの責任者の特定に利用できる点も、テーブルスコアを活用するメリットと言える。

6．近年の遊撃手の守備成績

　この指標はテーブルスコアを元に算出するため、TSR（Table Score Rating)と命名したい。ここからは、近年の遊撃手が記録した成績を見ていこう。

（1）主要遊撃手の年度別成績

　まずは 1990 年代以降にプレーした主要な遊撃手 18 人について、その年度別成績を掲載した。備考欄の GG はゴールデン・グラブ賞の受賞を意味する。被打球は守備範囲内に打球が飛んできた数を示し、ゴロアウトと責任安打と責任失策出塁の合計で計算される。TSR は RngR と DPR の合計値を示す。その年度におけるリーグ最高 TSR を太字で強調した。

鳥谷 敬（2004 〜）

■ 表 20　鳥谷 敬の年度別成績

年度	年齢	チーム	出場	被打球	RngR	DPR	TSR	備考
2004	23	阪神	52	149	-4.8	-1.3	-6.2	
2005	24	阪神	146	632	1.2	2.0	3.2	
2006	25	阪神	146	629	-6.3	2.0	-4.4	
2007	26	阪神	144	614	-9.2	-0.7	-9.9	
2008	27	阪神	144	625	-2.9	2.0	-0.8	
2009	28	阪神	144	622	5.7	0.0	5.7	
2010	29	阪神	140	573	7.5	3.4	**10.9**	
2011	30	阪神	136	514	9.6	1.1	**10.8**	GG
2012	31	阪神	144	603	4.5	-2.1	2.4	
2013	32	阪神	144	582	18.6	1.8	**20.4**	GG
2014	33	阪神	144	506	-12.6	-1.4	-13.9	GG
2015	34	阪神	143	541	-12.8	-0.3	-13.2	GG
2016	35	阪神	118	401	-6.6	-2.6	-9.2	
2017	36	阪神	0	0	-	-	-	三塁へコンバート
2018	37	阪神	2	3	0.1	-0.1	-0.1	
2019	38	阪神	14	39	-2.4	0.4	-1.9	
キャリア通算			1761	7033	-10.4	4.2	-6.2	GG 受賞 :4 回

　2000 年代から 2010 年代の阪神で活躍した遊撃手。遊撃手としては歴代最大クラスの稼働量を誇る。キャリア序盤はマイナスを計上しているが次第に成長を見せ、2010 年から 2013 年にかけてはセ・リーグ No.1 の守備力を有していた。2014 年は背中の張りを訴えるなど、コンディション不良が響いたのかマイナスに転落。以降は全盛期の輝きを取り戻すことはなかった。後半に計上したマイナスがあまりにも大きいため、通算評価もマイナスに沈む結果となっている。

成績を落としても 2015 年まで GG 賞を取り続けているのは興味深い。GG 賞は、かつて名手だった選手が成績を落とした後も受賞し続けるケースがしばしば見られる。成績低下を投票記者が認知するまでにタイムラグがあることがわかる。

坂本 勇人（2007 ～）

■ 表 21　坂本 勇人の年度別成績

年度	年齢	チーム	出場	被打球	RngR	DPR	TSR	備考
2007	19	巨人	3	1	-0.3	-0.1	-0.5	
2008	20	巨人	144	578	-3.8	1.0	-2.8	
2009	21	巨人	141	572	0.4	-0.2	0.3	
2010	22	巨人	144	610	0.6	-0.3	0.3	
2011	23	巨人	144	593	9.9	0.3	10.1	
2012	24	巨人	144	562	5.0	2.5	7.4	
2013	25	巨人	136	606	15.6	-3.2	12.5	
2014	26	巨人	140	599	7.8	-0.8	7.0	
2015	27	巨人	130	531	13.2	2.9	**16.0**	
2016	28	巨人	131	521	1.8	1.8	3.6	GG
2017	29	巨人	141	596	8.2	0.4	8.6	
2018	30	巨人	107	447	5.6	0.3	**5.9**	GG
2019	31	巨人	141	463	3.2	-1.3	1.9	GG
キャリア通算			1646	6679	67.2	3.1	70.3	GG 受賞 :3 回

2010 年頃に全盛を誇った原巨人の中核を担った遊撃手。現役選手では最大レベルの通算プラスをマークしている。キャリア序盤は守備を酷評されることが多かったものの、当時から平均程度の能力は有していた。2011 年に初めて大きめのプラスを叩き出すと、以降は少しずつ成績を落としながらもプラスをキープしている。

2014、2015 年は鳥谷を上回る成績を残しながら GG 賞を逃したが、2016 年には記者の間でも評価が浸透したようで初受賞。以降は GG 賞の常連となっている。その一方で、近年では京田陽太の後塵を拝しながら受賞するシーズンも多い。記者評価のタイムラグはいまだ健在かもしれない。

安達 了一（2012 ～）

■ 表22　安達 了一の年度別成績

年度	年齢	チーム	出場	被打球	RngR	DPR	TSR	備考
2012	24	オリックス	21	71	-4.6	-0.9	-5.6	
2013	25	オリックス	122	463	12.5	2.1	**14.6**	
2014	26	オリックス	143	548	17.4	0.1	**17.5**	
2015	27	オリックス	139	587	13.2	2.0	15.3	
2016	28	オリックス	117	458	8.6	-1.7	6.9	
2017	29	オリックス	105	394	10.5	1.4	11.9	
2018	30	オリックス	140	532	10.3	1.5	11.7	
2019	31	オリックス	38	112	0.7	-0.1	0.5	
キャリア通算			825	3166	68.4	4.4	72.8	GG受賞:0回

　2010年代のオリックスで活躍した遊撃手。現役選手では最大レベルの通算プラスを誇る。1年目の2012年はマイナスを計上したものの、2013年にレギュラーに定着するとリーグトップレベルのプラスを立て続けにマーク。2016年に潰瘍性大腸炎を発症してからは成績を落としたが、その後もプラスを積み上げ続けている。

　今宮健太と源田壮亮に阻まれ続けたため、GG賞は一度も受賞していない。安達が通算で稼いだプラスは、GG賞の獲得経験のない遊撃手の中で歴代最高クラスとなっている。これだけ世評と指標が乖離している選手も珍しいかもしれない。

今宮 健太（2010 ～）

■ 表23　今宮 健太の年度別成績

年度	年齢	チーム	出場	被打球	RngR	DPR	TSR	備考
2010	19	ソフトバンク	0	0	-	-	-	
2011	20	ソフトバンク	0	0	-	-	-	
2012	21	ソフトバンク	122	351	3.6	0.8	4.4	
2013	22	ソフトバンク	143	580	6.8	0.1	6.9	GG
2014	23	ソフトバンク	144	559	9.6	-0.1	9.4	GG
2015	24	ソフトバンク	141	493	7.8	-2.1	5.8	GG
2016	25	ソフトバンク	136	498	-0.5	-1.3	-1.9	GG
2017	26	ソフトバンク	140	502	1.3	-1.9	-0.6	GG
2018	27	ソフトバンク	98	299	-2.2	-2.6	-4.8	
2019	28	ソフトバンク	104	318	-4.5	-1.3	-5.8	
キャリア通算			1028	3599	21.9	-8.5	13.4	GG受賞:5回

　鉄壁を誇った2010年代のソフトバンクの一角を担った遊撃手。2012年にレギュラーに定着してからプラスを稼ぎ続けたが、近年ではコンディション不良のためか成績を下げつつある。記者やOBに守備力を高く評価される選手だが、この指標ではやや辛めの評価となった（これはUZRでも同様の傾向が出ている）。

　興味深いのは併殺獲得（DPR）の評価で、1980年代以降ではワーストレベルのマ

イナスとなっている。肩の評価の高さを考えると意外な結果と言えるかもしれない。本多雄一が二塁手レギュラーを外れた 2015 年からマイナスが大きくなっているため、二塁手が固定されなかったことも数値が伸びなかった一因である可能性がある。

大引 啓次（2007 ～ 2019）

■ 表 24　大引 啓次の年度別成績

年度	年齢	チーム	出場	被打球	RngR	DPR	TSR	備考
2007	23	オリックス	124	564	9.8	-0.3	9.5	
2008	24	オリックス	86	331	-0.4	1.6	1.2	
2009	25	オリックス	105	444	2.8	2.7	5.5	
2010	26	オリックス	84	302	-0.7	-2.4	-3.0	
2011	27	オリックス	127	511	0.1	-3.1	-3.0	
2012	28	オリックス	110	441	8.6	-0.8	7.7	
2013	29	日本ハム	120	489	5.9	-1.6	4.3	
2014	30	日本ハム	122	450	13.1	-0.7	12.4	
2015	31	ヤクルト	96	331	0.4	3.4	3.8	
2016	32	ヤクルト	99	354	-7.2	0.1	-7.2	
2017	33	ヤクルト	78	271	-2.5	-0.9	-3.4	
2018	34	ヤクルト	1	0	-0.1	0.0	-0.1	三塁へコンバート
2019	35	ヤクルト	2	0	-0.2	0.0	-0.2	
キャリア通算			1154	4489	29.6	-2.1	27.5	GG 受賞 :0 回

　2010 年代に 3 球団で活躍した遊撃手。ルーキーの時点で高い守備力を有しており、リーグトップこそないがそれに準ずるプラスを何度もマークしている。GG 賞の獲得経験は一度もないものの、隠れた名手の一人と言えるだろう。

　大引と言えば糸井嘉男との大型トレードが記憶に新しい。日本ハムは遊撃手の守備力を重視するチームだが、大引はその期待に応える優れた成績を残している。短期間での退団は誤算だったようだが、金子誠が衰えてから中島卓也が定着するまでの隙間を上々の成績で凌げたという点では、日本ハムの狙い通りのトレードになったようだ。

金子 誠（1994 〜 2014）

■ 表25　金子 誠の年度別成績

年度	年齢	チーム	出場	被打球	RngR	DPR	TSR	備考
1994	19	日本ハム	0	0	-	-	-	
1995	20	日本ハム	0	0	-	-	-	
1996	21	日本ハム	0	0	-	-	-	
1997	22	日本ハム	3	14	1.1	0.2	1.3	
1998	23	日本ハム	10	15	-0.2	0.0	-0.2	
1999	24	日本ハム	5	5	-1.1	0.3	-0.9	
2000	25	日本ハム	1	1	0.2	0.0	0.2	
2001	26	日本ハム	1	0	-0.0	0.0	-0.0	
2002	27	日本ハム	83	294	4.9	0.6	5.5	二塁からコンバート
2003	28	日本ハム	116	423	10.3	1.5	11.9	
2004	29	日本ハム	109	415	8.7	-0.3	8.4	
2005	30	日本ハム	79	248	-1.8	2.9	1.1	
2006	31	日本ハム	126	486	5.9	4.3	**10.2**	
2007	32	日本ハム	132	489	11.8	5.0	**16.8**	
2008	33	日本ハム	96	363	13.0	1.7	**14.7**	
2009	34	日本ハム	136	557	18.2	-0.5	**17.7**	GG
2010	35	日本ハム	77	328	7.9	1.5	9.4	
2011	36	日本ハム	97	324	-0.4	0.3	-0.1	
2012	37	日本ハム	103	383	8.7	0.1	**8.8**	
2013	38	日本ハム	3	7	0.3	-0.5	-0.1	
2014	39	日本ハム	7	11	1.3	-0.1	1.2	
キャリア通算			1184	4364	88.8	17.1	105.9	GG受賞:1回

　歴史的な守備力を誇った日本ハムの要となった遊撃手。通算のプラスは+105.9点と莫大なものになっている。正遊撃手だった田中幸雄の三塁転向に伴い、2002年に二塁手からコンバートされてレギュラーに定着。27歳とかなり遅いデビューだったが、見事に適応してリーグトップのプラスを5回マークした。キャリア終盤までトップクラスの守備力を維持するなど、晩成型の代表格といえる遊撃手である。

　金子を最後に+100点以上のプラスを出した遊撃手は現れていないが、坂本勇人・安達了一・源田壮亮の3人が+100点に迫りつつある。

中島 宏之（2001 ～）

■ 表 26　中島 宏之の年度別成績

年度	年齢	チーム	出場	被打球	RngR	DPR	TSR	備考
2001	19	西武	0	0	-	-	-	
2002	20	西武	0	0	-	-	-	
2003	21	西武	2	2	-0.2	-0.0	-0.2	
2004	22	西武	133	503	-4.7	-2.0	-6.7	
2005	23	西武	112	378	-7.5	-2.9	-10.4	
2006	24	西武	99	360	-15.0	-1.2	-16.2	
2007	25	西武	140	552	-8.9	-3.5	-12.4	
2008	26	西武	122	509	-14.3	-0.7	-15.0	GG
2009	27	西武	144	575	1.3	1.3	2.6	
2010	28	西武	129	512	-10.2	0.5	-9.7	
2011	29	西武	144	585	5.2	3.4	8.6	GG
2012	30	西武	134	495	-3.1	-2.6	-5.7	GG
2015	33	オリックス	2	3	-0.2	0.3	0.0	一塁へコンバート
2016	34	オリックス	5	19	-0.6	-0.2	-0.7	
2017	35	オリックス	0	0	-	-	-	
2018	36	オリックス	0	0	-	-	-	
2019	37	巨人	0	0	-	-	-	
キャリア通算			1166	4493	-58.1	-7.7	-65.8	GG 受賞：3 回

※ 2013 年から 2014 年は米球界でプレー

　2000 年代から 2010 年代にかけて西武で活躍した遊撃手。通算成績は 21 世紀で最低の -65.8 点となっている。2004 年のレギュラー定着以降、キャリア序盤には大きめのマイナスをほぼ一貫して計上している。2009 年以降はやや改善の形跡が見られるが、守備を苦手としていたことがうかがえる。

　中島が GG 賞を 3 回受賞しているのは興味深い事実だ。前述の通り、遊撃手の GG 賞は「指標の高い選手」か「かつて指標の高かった選手」が受賞することが多く、タイムラグがある点を除けば、指標による評価と一致する部分も多い。しかし、中島のケース、特に 2008 年の受賞はこのどちらにも該当しないように思われる。記者が中島のどのような部分を評価したのかがわかれば、世評と指標の乖離の原因が掴めるかもしれない。

川﨑 宗則（2000 〜 2017）

■ 表27　川﨑 宗則の年度別成績

年度	年齢	チーム	出場	被打球	RngR	DPR	TSR	備考
2000	19	ダイエー	0	0	-	-	-	
2001	20	ダイエー	1	4	0.4	0.0	0.4	
2002	21	ダイエー	10	27	-1.0	-0.3	-1.2	
2003	22	ダイエー	85	234	-0.2	2.5	2.3	
2004	23	ダイエー	132	495	2.3	0.9	3.2	GG
2005	24	ソフトバンク	102	366	2.8	0.2	3.0	
2006	25	ソフトバンク	115	457	3.6	0.1	3.7	GG
2007	26	ソフトバンク	94	385	3.3	-2.4	0.9	
2008	27	ソフトバンク	99	415	6.4	-1.4	5.0	
2009	28	ソフトバンク	143	544	0.1	-3.3	-3.2	
2010	29	ソフトバンク	144	546	2.4	0.2	2.6	
2011	30	ソフトバンク	144	508	7.6	1.2	**8.7**	
2017	36	ソフトバンク	0	0	-	-	-	二塁へコンバート
キャリア通算			1069	3981	27.8	-2.3	25.5	GG受賞:2回

※ 2012年から2016年は米球界でプレー

　ダイエー→ソフトバンク移行期のホークスで活躍した遊撃手。爆発的なプラスを計上したシーズンはないが、レギュラー定着以降でマイナスを計上したのは2009年のみという安定感を誇る。通算の成績もはっきりとしたプラスで、当時を代表する名手の一人と言ってよいだろう。

　川﨑の遊撃守備はMLBでも通用しており、通算731.2イニングでUZR+2.4を記録した[10]。同時代のパ・リーグで似たような成績を残した松井稼頭央や西岡剛が、MLBで大幅なマイナスを計上したのとは対照的である。何が成否を分けたのか興味深いところだ。

[10]　UZRはFanGraphsから引用した。

井端 弘和(1998 ～ 2015)

■ 表 28　井端 弘和の年度別成績

年度	年齢	チーム	出場	被打球	RngR	DPR	TSR	備考
1998	23	中日	12	39	1.8	0.6	2.4	
1999	24	中日	0	0	-	-	-	
2000	25	中日	51	157	5.4	-2.7	2.7	
2001	26	中日	134	512	3.6	-0.3	3.3	
2002	27	中日	134	525	2.6	-1.1	1.5	
2003	28	中日	104	390	11.9	0.5	**12.4**	
2004	29	中日	138	605	14.3	3.2	**17.5**	GG
2005	30	中日	146	629	8.0	2.5	10.5	GG
2006	31	中日	146	616	11.8	2.6	**14.4**	GG
2007	32	中日	144	583	8.5	-0.3	**8.2**	GG
2008	33	中日	106	431	1.5	0.2	1.6	GG
2009	34	中日	144	608	9.2	1.4	**10.7**	GG
2010	35	中日	8	24	-0.9	-0.7	-1.6	二塁へコンバート
2011	36	中日	0	0	-	-	-	
2012	37	中日	140	560	11.5	5.6	**17.0**	GG 遊撃復帰
2013	38	中日	93	344	-7.1	-0.9	-8.0	
2014	39	巨人	14	24	-0.0	0.1	0.1	二塁へコンバート
2015	40	巨人	11	37	-1.6	0.0	-1.5	
キャリア通算			1525	6083	80.5	10.7	91.1	GG 受賞 :7 回

　堅守を売りとした落合中日の代名詞とも言える遊撃手。レギュラー定着は 26 歳と遅かったが、以降は 2009 年までリーグトップのプラスを連発。2010 年に荒木雅博とポジションを入れ替わるかたちで遊撃手から外れたが、2012 年に遊撃手に復帰すると、37 歳にして驚異的なスコアでリーグトップに返り咲いた。

　左脚に故障を抱えた 2008 年は成績を落としているが、同年も GG 賞を獲得しており、ここからも記者評価のタイムラグが見て取れる。「守備にスランプはない」という言葉があるが、主観的評価でスランプを検出できていないだけである可能性もある。

宮本 慎也（1995 ～ 2013）

■ 表 29　宮本 慎也の年度別成績

年度	年齢	チーム	出場	被打球	RngR	DPR	TSR	備考
1995	25	ヤクルト	10	11	0.2	-0.2	-0.0	
1996	26	ヤクルト	65	246	-2.8	-0.5	-3.3	
1997	27	ヤクルト	115	425	11.6	-3.2	8.4	GG
1998	28	ヤクルト	114	432	12.6	-0.6	**12.1**	
1999	29	ヤクルト	131	518	10.9	-1.5	9.4	GG
2000	30	ヤクルト	136	493	7.2	-1.4	5.8	GG
2001	31	ヤクルト	125	526	19.7	2.3	**22.0**	GG
2002	32	ヤクルト	114	438	11.0	0.2	**11.2**	GG
2003	33	ヤクルト	140	586	8.7	0.6	9.3	GG
2004	34	ヤクルト	90	349	8.1	0.7	8.8	
2005	35	ヤクルト	135	571	9.3	1.8	**11.2**	
2006	36	ヤクルト	72	289	-6.9	-2.3	-9.2	
2007	37	ヤクルト	129	453	3.9	0.2	4.1	
2008	38	ヤクルト	58	225	7.0	0.7	**7.7**	
2009	39	ヤクルト	11	44	1.0	-0.9	0.1	三塁へコンバート
2010	40	ヤクルト	4	14	0.7	0.2	0.8	
2011	41	ヤクルト	0	0	-	-	-	
2012	42	ヤクルト	0	0	-	-	-	
2013	43	ヤクルト	3	6	-0.6	0.0	-0.6	
キャリア通算			1452	5625	101.6	-3.8	97.8	GG 受賞 :6 回

　2000 年頃のセ・リーグにおいて堅守で名を轟かせた遊撃手。1997 年のレギュラー定着以来、リーグトップの成績を 5 回マーク。30 代後半となってからも全盛期の井端からトップを奪取するなど、キャリア終盤までトップレベルの守備力をキープした。通算成績も 1990 年代以降のセ・リーグで最高の +97.8 点となっており、歴代屈指の名手の一人と評してよいだろう。

　併殺評価（DPR）がマイナスとなっているのが興味深い。1990 年代以降に +30 点以上をマークした遊撃手で、DPR がマイナスとなったのは宮本だけだった。ゴロ捕球に比べて、送球は苦手としていたのかもしれない。

石井 琢朗（1989 ～ 2012）

■ 表30　石井 琢朗の年度別成績

年度	年齢	チーム	出場	被打球	RngR	DPR	TSR	備考
1989	19	大洋	0	0	-	-	-	
1990	20	大洋	0	0	-	-	-	
1991	21	大洋	0	0	-	-	-	
1992	22	大洋	32	94	-1.5	0.4	-1.1	
1993	23	横浜	11	30	-0.3	0.2	-0.1	
1994	24	横浜	8	22	-1.0	-0.2	-1.1	
1995	25	横浜	0	0	-	-	-	
1996	26	横浜	129	499	0.7	-0.1	0.6	三塁からコンバート
1997	27	横浜	130	489	7.6	4.1	**11.6**	
1998	28	横浜	135	511	9.1	-0.8	8.3	GG
1999	29	横浜	129	479	-2.6	0.1	-2.6	
2000	30	横浜	134	488	11.1	3.1	**14.3**	
2001	31	横浜	140	542	0.2	3.0	3.2	
2002	32	横浜	140	523	-4.5	0.3	-4.3	
2003	33	横浜	114	451	7.7	1.8	9.5	
2004	34	横浜	130	523	8.0	3.2	11.2	
2005	35	横浜	146	560	2.4	2.4	4.8	
2006	36	横浜	146	610	4.2	2.1	6.2	
2007	37	横浜	105	396	1.8	2.1	3.9	
2008	38	横浜	79	288	-0.1	-0.7	-0.8	
2009	39	広島	52	192	-2.2	-0.1	-2.3	
2010	40	広島	2	2	0.5	-0.1	0.4	三塁へコンバート
2011	41	広島	3	5	-0.3	-0.2	-0.6	
2012	42	広島	2	6	-0.3	0.1	-0.2	
キャリア通算			1767	6713	40.3	20.4	60.7	GG受賞:1回

　1990年代から2000年代にかけて横浜で活躍した遊撃手。権藤監督時代の優勝時には正遊撃手を務めていた。投手としてプロ入りし、三塁手を経由して1996年に26歳で遊撃手レギュラーに定着。リーグトップの成績を2回マークしたほか、30代後半までマイナスをほとんど計上しない息の長さを見せた。遊撃手としての稼働量は歴代最大クラスでもあり、歴史的な名手と評してよい選手だろう。

　併殺評価（DPR）では、1990年代以降の遊撃手でトップの+20.4点をマークしている。投手経験者であるためか、送球の強さや正確さに秀でていた可能性が考えられる。

Delta Baseball Report 4

86

二岡 智宏（1999 ～ 2013）

■ 表31　二岡 智宏の年度別成績

年度	年齢	チーム	出場	被打球	RngR	DPR	TSR	備考
1999	23	巨人	120	425	4.0	-0.9	3.1	
2000	24	巨人	117	290	-3.5	0.4	-3.1	
2001	25	巨人	80	262	-9.7	-0.6	-10.2	
2002	26	巨人	105	332	5.0	-0.2	4.8	
2003	27	巨人	140	534	-5.1	-3.5	-8.6	
2004	28	巨人	91	327	-4.2	-3.2	-7.4	
2005	29	巨人	139	566	-2.8	-4.8	-7.6	
2006	30	巨人	144	555	-8.6	-1.9	-10.4	
2007	31	巨人	139	540	7.5	-2.2	5.2	
2008	32	巨人	1	1	-0.3	0.1	-0.2	三塁へコンバート
2009	33	日本ハム	8	19	0.6	0.2	0.8	
2010	34	日本ハム	5	24	0.7	0.1	0.9	
2011	35	日本ハム	以降遊撃出場なし					
キャリア通算			1089	3875	-16.4	-16.3	-32.7	GG受賞:0回

　2000年代において巨人で活躍した遊撃手。名手・川相昌弘の定位置を奪うかたちで1999年にレギュラーに定着したものの、キャリアを通じてほぼ一貫してマイナスを計上。通算成績も-32.7点と振るわない結果だった。現役時代から守備の評価はあまり高くなかったが、データからも守備を苦手としていたことがうかがえる。

　併殺評価（DPR）は、1990年代以降の遊撃手でワーストの-16.3点となっており、肩はトップレベルと評価されていたことを考えると意外な結果かもしれない。前述の今宮健太も含めて、肩の評価が高くても必ずしも併殺が取れるわけではないようである（これは捕手の肩の評価と盗塁阻止率の関係に似ているかもしれない）。

川相 昌弘（1983 ～ 2006）

■ 表32　川相 昌弘の年度別成績

年度	年齢	チーム	出場	被打球	RngR	DPR	TSR	備考
1983	19	巨人	0	0	-	-	-	
1984	20	巨人	13	14	0.2	0.4	0.6	
1985	21	巨人	26	23	-0.9	0.3	-0.6	
1986	22	巨人	22	35	0.8	0.6	1.4	
1987	23	巨人	22	38	-2.0	-0.2	-2.2	
1988	24	巨人	7	10	1.0	0.2	1.2	
1989	25	巨人	92	271	12.2	0.5	**12.7**	GG
1990	26	巨人	94	308	11.3	1.1	**12.3**	GG
1991	27	巨人	126	430	5.4	-0.9	**4.5**	GG
1992	28	巨人	95	336	-0.5	0.6	0.1	
1993	29	巨人	131	478	11.0	2.2	13.3	GG
1994	30	巨人	129	450	-2.3	-0.2	-2.5	GG
1995	31	巨人	108	383	3.9	0.9	4.9	
1996	32	巨人	125	462	4.5	0.6	**5.1**	GG
1997	33	巨人	123	427	6.5	-1.2	5.3	
1998	34	巨人	89	266	3.0	2.2	5.2	
1999	35	巨人	26	64	-4.4	1.2	-3.2	
2000	36	巨人	15	21	-0.0	-0.0	-0.1	
2001	37	巨人	18	17	-0.4	-0.1	-0.4	
2002	38	巨人	28	48	-1.1	0.7	-0.4	
2003	39	巨人	4	5	0.3	0.0	0.3	
2004	40	中日	0	0	-	-	-	
2005	41	中日	1	0	-0.2	0.0	-0.2	
2006	42	中日	2	1	0.1	-0.1	0.0	
キャリア通算			1296	4088	48.6	8.8	57.3	GG受賞:6回

　藤田監督時代から長嶋監督時代にかけての巨人で活躍した遊撃手。1989年に25歳でレギュラーに定着してから、リーグトップの成績を4回マークした。35歳で控えに回されたためキャリア終盤であまり稼げていないが、通算成績は+57.3点と大きくプラスとなっている。現代では犠打の記録が注目されることが多いが、守備でも当時を代表する名手の一人だった。

池山 隆寛（1984 〜 2002）

■ 表33　池山 隆寛の年度別成績

年度	年齢	チーム	出場	被打球	RngR	DPR	TSR	備考
1984	19	ヤクルト	1	0	0.0	0.0	0.0	
1985	20	ヤクルト	42	62	-2.2	-0.9	-3.1	
1986	21	ヤクルト	52	166	-0.0	2.1	2.1	
1987	22	ヤクルト	126	481	-6.6	1.0	-5.7	
1988	23	ヤクルト	130	509	4.5	2.7	7.2	
1989	24	ヤクルト	128	524	6.9	0.8	7.7	
1990	25	ヤクルト	130	490	-9.6	2.1	-7.5	
1991	26	ヤクルト	132	502	1.5	1.1	2.6	
1992	27	ヤクルト	126	501	8.0	-0.6	7.4	GG
1993	28	ヤクルト	108	358	-4.4	-0.7	-5.1	
1994	29	ヤクルト	95	387	3.9	-2.5	1.4	
1995	30	ヤクルト	130	465	-6.1	-2.2	-8.3	
1996	31	ヤクルト	50	179	2.6	-1.5	1.0	
1997	32	ヤクルト	0	0	-	-	-	三塁へコンバート
1998	33	ヤクルト	18	52	2.8	-0.7	2.2	
1999	34	ヤクルト	0	0	-	-	-	
2000	35	ヤクルト	0	0	-	-	-	
2001	36	ヤクルト	0	0	-	-	-	
2002	37	ヤクルト	1	1	-0.6	0.0	-0.6	
キャリア通算			1269	4680	0.6	0.8	1.4	GG受賞:1回

　黄金時代を形成した野村ヤクルトの中核を担った遊撃手。1987年にレギュラーに定着し、1997年に三塁コンバートされるまで遊撃手として活躍。川相の全盛期と重なったことでリーグトップは一度も記録していないが、それに次ぐプラスを何回もマークしている。決して守備の苦手な遊撃手ではなかったようだ。

　1993年以降はマイナスを計上しがちとなったが、マイナスが致命的な大きさとなる前に三塁手へコンバートされたことがわかる。鳥谷敬のケースのように三塁手への転向は後手に回ることも多いが、池山の場合は適切なタイミングだったと言えそうだ[11]。

[11]　三塁手のTSRでは、コンバート後の池山は三塁守備で大幅なプラスをマークした。池山のコンバート成功は1997年の優勝にも大きく寄与しており、野村監督の名采配の一つと言えるだろう。

野村 謙二郎（1989 〜 2005）

■ 表 34　野村 謙二郎の年度別成績

年度	年齢	チーム	出場	被打球	RngR	DPR	TSR	備考
1989	23	広島	12	28	0.8	-1.1	-0.2	
1990	24	広島	124	521	-0.1	-2.9	-3.0	
1991	25	広島	129	473	-1.3	0.7	-0.6	
1992	26	広島	130	511	-7.4	1.4	-6.1	
1993	27	広島	130	498	-12.2	-0.5	-12.7	
1994	28	広島	130	504	5.3	-0.7	4.5	
1995	29	広島	131	477	5.2	2.0	7.1	GG
1996	30	広島	120	464	-5.2	0.9	-4.4	
1997	31	広島	129	487	-18.2	0.4	-17.8	
1998	32	広島	130	496	-8.4	-0.6	-9.0	
1999	33	広島	58	225	-5.2	0.9	-4.3	
2000	34	広島	0	0	-	-	-	三塁へコンバート
2001	35	広島	0	0	-	-	-	
2002	36	広島	11	37	1.3	-0.4	0.9	
2003	37	広島	0	0	-	-	-	
2004	38	広島	0	0	-	-	-	
2005	39	広島	1	6	-0.1	0.0	-0.1	
キャリア通算			1235	4727	-45.5	-0.0	-45.5	GG 受賞：1 回

　1990 年代の広島で活躍した遊撃手。1990 年にレギュラーに定着し、2000 年に三塁へコンバートされるまで遊撃手として活躍。キャリアの序盤からマイナスを計上しており、通算成績も -45.5 点と大きめのマイナスとなっている。同時代の川相や池山と比較すると見劣りするのは否めず、守備は苦手だったと評してよいだろう。

　特に 30 代以降は大きめのマイナスを計上している。前述の池山のケースと比べると、三塁へのコンバートのタイミングがやや遅かったと言えるかもしれない。

立浪 和義（1988 ～ 2009）

■ 表35　立浪 和義の年度別成績

年度	年齢	チーム	出場	被打球	RngR	DPR	TSR	備考
1988	19	中日	103	315	-17.0	-1.3	-18.3	GG
1989	20	中日	27	89	-3.6	0.1	-3.5	
1990	21	中日	128	495	-13.2	-0.1	-13.4	
1991	22	中日	131	509	-10.5	-1.4	-11.9	
1992	23	中日	0	0	-	-	-	二塁へコンバート
1993	24	中日	0	0	-	-	-	
1994	25	中日	27	70	-1.0	0.5	-0.5	
1995	26	中日	6	21	-1.3	0.3	-1.1	
1996	27	中日	0	0	-	-	-	
1997	28	中日	0	0	-	-	-	
1998	29	中日	0	0	-	-	-	
1999	30	中日	0	0	-	-	-	
2000	31	中日	3	1	0.1	0.0	0.1	
2001	32	中日	1	2	0.3	-0.1	0.2	
2002	33	中日	以降遊撃出場なし					
キャリア通算			426	1503	-46.3	-2.0	-48.4	GG受賞:1回

　高卒ルーキーでGG賞を獲得した唯一の遊撃手。1988年に19歳でレギュラーに定着。1992年に二塁へコンバートされるまで遊撃手として活躍したが、故障で出場が減少した1989年を除いて、レギュラーだった3年間はいずれもリーグワーストの成績を計上した。今回、結果と世評が最も大きく乖離した選手かもしれない。

　立浪がこれだけのマイナスを計上した原因は、コンディションに問題を抱えていたことが大きいかもしれない。立浪は1年目の春季キャンプで右肩を負傷しており、23歳という若さで二塁へコンバートされる遠因にもなっている。この成績でGG賞を獲得したのは、高卒ルーキーがレギュラーを獲得したインパクト、中日が優勝した祝儀的な意味合い[12]、星野監督のプロデュース力などが上手く噛み合った結果かもしれない。

[12]　普段のシーズンではGG賞を獲得できなかった選手が、チームが優勝したシーズンだけ獲得するケースはしばしば見られる。遊撃手では、1988年の立浪以外に2018年の田中広輔（広島）、1998年の石井琢朗（横浜）、1992年の池山隆寛（ヤクルト）などが該当する。日本プロ野球では「守備力の高いチームが優勝する」という考えがOBや記者の間で根強いため、穿った見方をすると、「優勝チームの選手は守備力が高いに違いない」という逆説的なロジックによって選出されているような節も感じられる。

松井 稼頭央 (1994 ～ 2018)

■ 表 36　松井 稼頭央の年度別成績

年度	年齢	チーム	出場	被打球	RngR	DPR	TSR	備考
1994	19	西武	0	0	-	-	-	
1995	20	西武	68	212	7.2	0.1	7.3	
1996	21	西武	130	454	9.6	4.2	**13.9**	
1997	22	西武	135	535	4.2	0.9	5.1	GG
1998	23	西武	135	495	1.4	0.9	2.2	GG
1999	24	西武	135	503	2.2	2.7	4.9	
2000	25	西武	134	513	9.2	-2.4	6.8	
2001	26	西武	117	415	-1.8	-1.6	-3.4	
2002	27	西武	139	457	7.5	1.0	**8.5**	GG
2003	28	西武	137	560	-3.7	0.9	-2.8	GG
2011	36	楽天	136	508	6.3	-0.3	6.0	
2012	37	楽天	102	405	4.9	-0.0	4.9	
2013	38	楽天	123	421	-5.7	1.0	-4.7	
2014	39	楽天	39	111	-6.3	0.5	-5.8	三塁へコンバート
2015	40	楽天	0	0	-	-	-	
2016	41	楽天	0	0	-	-	-	
2017	42	楽天	1	1	0.2	0.1	0.3	
2018	43	西武	0	0	-	-	-	
キャリア通算			1531	5589	35.2	8.1	43.3	GG 受賞 :4 回

※ 2004 年から 2010 年は米球界でプレー

　黄金時代を終えた衰退期の西武で活躍した遊撃手。1996 年のレギュラー初年度にリーグトップの成績をいきなり叩き出し、MLB 移籍を挟んで帰国した後の 2011 年と 2012 年もプラスを記録するなど、30 代後半まで高い守備力をキープしたようだ。通算成績も +43.3 点とはっきりとプラスになっており、この時代を代表する名手の一人と言える。

　数字の推移だけ見ると 21 歳の +13.9 点がキャリアハイとなっているが、1997 年から MLB 移籍までの間にあまりプラスを稼げなかったのは、同じリーグに後述の小坂誠がいたためかもしれない。

小坂 誠（1997 ～ 2010）

■ 表37　小坂 誠の年度別成績

年度	年齢	チーム	出場	被打球	RngR	DPR	TSR	備考
1997	24	ロッテ	135	549	16.7	2.2	19.0	
1998	25	ロッテ	123	496	12.3	5.6	17.9	
1999	26	ロッテ	130	525	11.4	-1.9	9.4	GG
2000	27	ロッテ	135	607	11.3	1.7	12.9	GG
2001	28	ロッテ	140	612	20.0	-0.3	19.7	GG
2002	29	ロッテ	93	361	5.6	1.0	6.5	
2003	30	ロッテ	134	599	30.4	-1.4	29.0	
2004	31	ロッテ	88	338	11.0	1.8	12.8	
2005	32	ロッテ	112	349	19.1	2.1	21.2	GG
2006	33	巨人	27	26	0.9	-0.2	0.7	
2007	34	巨人	51	61	-1.8	0.6	-1.2	
2008	35	巨人	0	0	-	-	-	
2009	36	楽天	34	89	-1.9	-0.4	-2.3	
2010	37	楽天	2	1	0.2	0.0	0.2	
キャリア通算			1204	4613	135.3	10.7	146.0	GG受賞:4回

　言わずと知れた伝説的な遊撃手。ルーキーイヤーの1997年にレギュラーに定着すると、以降の9年間でリーグトップの成績を8回記録。2003年には1980年代以降で最高となる+29.0点をマークするなど、他の追随を許さない驚異的なスコアを残した。

　通算成績は1980年代以降ではトップの+146.0点となった。これ以前のデータについてはチーム単位の成績しか整理できていないが、それを参照する限りでは小坂に比肩しうる遊撃手は阪神でプレーした吉田義男だけのようである。遊撃手のオールタイムゴールデングラブはこのどちらかだと思われるが、こちらについてはまた改めて論じたい。

（2）年度別最優秀選手

　1983年以降について、各年度でリーグトップの成績を残した遊撃手を表38に示した。

■ 表38　年度別最優秀選手

年度	セ最優秀選手（球団）	TSR	パ最優秀選手（球団）	TSR
1983	水谷 新太郎（ヤクルト）	12.3	石毛 宏典（西武）	16.5
1984	高橋 慶彦（広島）	10.4	弓岡 敬二郎（阪急）	18.0
1985	高橋 慶彦（広島）	14.1	石毛 宏典（西武）	15.0
1986	平田 勝男（阪神）	17.1	小川 史（南海）	12.3
1987	高橋 雅裕（大洋）	11.2	清家 政和（西武）	7.1
1988	和田 豊（阪神）	11.7	弓岡 敬二郎（阪急）	5.6
1989	川相 昌弘（巨人）	12.7	田中 幸雄（日本ハム）	7.7

年度	セ最優秀選手(球団)	TSR	パ最優秀選手(球団)	TSR
1990	川相 昌弘(巨人)	12.3	田中 幸雄(日本ハム)	11.3
1991	川相 昌弘(巨人)	4.5	田中 幸雄(日本ハム)	10.6
1992	進藤 達哉(大洋)	10.9	田辺 徳雄(西武)	9.8
1993	種田 仁(中日)	14.7	広瀬 哲朗(日本ハム)	13.7
1994	久慈 照嘉(阪神)	8.8	吉田 剛(近鉄)	8.5
1995	進藤 達哉(横浜)	7.5	奈良原 浩(西武)	8.9
1996	川相 昌弘(巨人)	5.1	松井 稼頭央(西武)	13.9
1997	石井 琢朗(横浜)	11.6	小坂 誠(ロッテ)	19.0
1998	宮本 慎也(ヤクルト)	12.1	小坂 誠(ロッテ)	17.9
1999	久慈 照嘉(中日)	9.4	小坂 誠(ロッテ)	9.4
2000	石井 琢朗(横浜)	14.3	小坂 誠(ロッテ)	12.9
2001	宮本 慎也(ヤクルト)	22.0	小坂 誠(ロッテ)	19.7
2002	宮本 慎也(ヤクルト)	11.2	松井 稼頭央(西武)	8.5
2003	井端 弘和(中日)	12.4	小坂 誠(ロッテ)	29.0
2004	井端 弘和(中日)	17.5	小坂 誠(ロッテ)	12.8
2005	宮本 慎也(ヤクルト)	11.2	小坂 誠(ロッテ)	21.2
2006	井端 弘和(中日)	14.4	金子 誠(日本ハム)	10.2
2007	井端 弘和(中日)	8.2	金子 誠(日本ハム)	16.8
2008	宮本 慎也(ヤクルト)	7.7	金子 誠(日本ハム)	14.7
2009	井端 弘和(中日)	10.7	金子 誠(日本ハム)	17.7
2010	鳥谷 敬(阪神)	10.9	飯山 裕志(日本ハム)	11.0
2011	鳥谷 敬(阪神)	10.8	川﨑 宗則(ソフトバンク)	8.7
2012	井端 弘和(中日)	17.0	金子 誠(日本ハム)	8.8
2013	鳥谷 敬(阪神)	20.4	安達 了一(オリックス)	14.6
2014	堂上 直倫(中日)	12.9	安達 了一(オリックス)	17.5
2015	坂本 勇人(巨人)	16.0	中島 卓也(日本ハム)	16.3
2016	堂上 直倫(中日)	11.0	中島 卓也(日本ハム)	15.7
2017	京田 陽太(中日)	13.8	源田 壮亮(西武)	14.3
2018	坂本 勇人(巨人)	5.9	源田 壮亮(西武)	24.6
2019	京田 陽太(中日)	13.6	源田 壮亮(西武)	9.7

　このデータからは、セ・パ両リーグの名手の系譜を確認できる。セ・リーグは高橋慶彦に始まり、川相昌弘、宮本慎也、井端弘和、鳥谷敬、そして坂本勇人と京田陽太がしのぎを削る現代に至るようだ。パ・リーグは石毛宏典に始まり、田中幸雄、小坂誠、金子誠、安達了一、中島卓也を経て、源田壮亮の時代となっている。

　また、レギュラーではない選手がトップに輝くこともあるようだ。2010年の飯山裕志、2008年の宮本慎也、1994年の吉田剛は、出場数がチーム試合数の半数に達しておらず、ゴールデングラブ賞の受賞基準を満たしていない。飯山はレギュラー経験が一度もなく、守備要員としてキャリアを全うした選手だが、出場機会あたりでは小坂に匹敵するスコアを残している。役割が近い選手では鬼崎裕司も高い守備力を有していたようだ。

REPORT

（3）出場機会あたりの通算成績

1983年以降について、出場機会あたりの通算成績（TSR/500）をランキング化したものを表39に示した。ここでは被打球数が1500個以上の遊撃手を対象とした。フルイニング出場した遊撃手は約500個の打球と対峙するため、1500個は3シーズン分に相当する。

TSR/500は被打球500個あたりのTSRを示す。TSRを出場機会あたりに換算したものだが、イニングあたりとしないのは、TSRはイニングではなく被打球に比例してプラス（マイナス）が増大するためである（これはUZRも同様で、イニングでなく被打球を分母とする方が厳密には正確である[13]）。

■ 表39　通算 TSR/500 （1983年以降）

順位	選手	出場	被打球	RngR	DPR	TSR	TSR/500
1位	小坂 誠	1204	4613	135.3	10.7	146.0	15.8
2位	源田 壮亮	419	1731	37.6	11.0	48.6	14.0
3位	金子 誠	1184	4364	88.8	17.1	105.9	12.1
4位	安達 了一	825	3166	68.4	4.4	72.8	11.5
5位	石毛 宏典	566	1801	33.7	7.3	41.0	11.4
6位	奈良原 浩	768	1899	34.9	2.7	37.6	9.9
7位	京田 陽太	421	1649	29.1	2.4	31.5	9.5
8位	宮本 慎也	1452	5625	101.6	-3.8	97.8	8.7
9位	中島 卓也	767	2609	41.5	2.2	43.7	8.4
10位	井端 弘和	1525	6083	80.5	10.7	91.1	7.5
11位	川相 昌弘	1296	4088	48.6	8.8	57.3	7.0
12位	高橋 雅裕	597	1987	17.8	7.5	25.3	6.4
13位	田辺 徳雄	838	2613	29.7	2.8	32.4	6.2
14位	進藤 達哉	643	2208	20.6	5.8	26.5	6.0
15位	坂本 勇人	1646	6679	67.2	3.1	70.3	5.3
16位	平田 勝男	759	2539	30.9	-7.9	23.0	4.5
17位	石井 琢朗	1767	6713	40.3	20.4	60.7	4.5
18位	松井 稼頭央	1531	5589	35.2	8.1	43.3	3.9
19位	弓岡 敬二郎	821	2697	19.5	0.2	19.7	3.7
20位	川﨑 宗則	1069	3981	27.8	-2.3	25.5	3.2
21位	大引 啓次	1154	4489	29.6	-2.1	27.5	3.1
22位	西岡 剛	733	2917	15.6	2.3	17.8	3.1
23位	小川 史	797	2310	11.6	-0.2	11.4	2.5
24位	今宮 健太	1028	3599	21.9	-8.5	13.4	1.9
25位	田中 広輔	726	2929	9.5	0.7	10.2	1.7
26位	久慈 照嘉	1098	3557	15.3	-5.9	9.4	1.3
27位	田中 幸雄	1356	4698	5.8	3.1	8.9	1.0
28位	阿部 真宏	565	1980	3.8	-0.9	2.9	0.7
29位	高橋 慶彦	910	3459	-5.5	7.7	2.3	0.3
30位	池山 隆寛	1269	4680	0.6	0.8	1.4	0.2
31位	吉田 剛	753	2199	7.5	-7.3	0.2	0.0

[13]　https://1point02.jp/op/gnav/column/bs/column.aspx?cid=53668

順位	選手	出場	被打球	RngR	DPR	TSR	TSR/500
32 位	佐藤 健一	593	1749	-6.6	6.5	-0.1	-0.0
33 位	梵 英心	894	3476	0.1	-2.0	-1.9	-0.3
34 位	鳥谷 敬	1761	7033	-10.4	4.2	-6.2	-0.4
35 位	勝呂 壽統	595	1702	-11.0	2.4	-8.6	-2.5
36 位	鳥越 裕介	774	2241	-22.6	5.7	-17.0	-3.8
37 位	二岡 智宏	1089	3875	-16.4	-16.3	-32.7	-4.2
38 位	野村 謙二郎	1235	4727	-45.5	-0.0	-45.5	-4.8
39 位	水上 善雄	711	2211	-28.8	3.2	-25.6	-5.8
40 位	渡辺 直人	690	2415	-19.0	-10.0	-29.0	-6.0
41 位	石川 雄洋	485	1814	-23.7	1.4	-22.3	-6.1
42 位	浜名 千広	749	2559	-31.8	-2.8	-34.6	-6.8
43 位	中島 宏之	1166	4493	-58.1	-7.7	-65.8	-7.3
44 位	塩崎 真	777	2396	-30.6	-4.6	-35.2	-7.3
45 位	鈴木 大地	521	2002	-28.1	-2.8	-30.9	-7.7
46 位	小川 博文	992	3208	-83.0	-14.6	-97.5	-15.2
47 位	宇野 勝	669	2293	-72.7	1.8	-70.9	-15.5
48 位	立浪 和義	426	1503	-46.3	-2.0	-48.4	-16.1

　TSR/500 でも小坂誠が +15.8 点でトップとなったが、源田壮亮が +14.0 点と小坂に迫っている。小坂は 30 代を迎えてから成績を伸ばしたことを考えると、今後次第で源田が逆転する可能性も考えられる。源田も歴史的な領域に片足を踏み入れていると言えるだろう。今後のキャリアがどうなるか興味深いところだ。

7．総括

　本稿ではテーブルスコアを活用することで、古い時代の遊撃手の守備を評価した。従来使われていた RRF と比べると、より正確な評価が可能になったと考えられる。過去の日本プロ野球の分析において、テーブルスコアが活用された事例は少ないが、本稿がその端緒を開くことができたとすれば幸いである。

　今回は遊撃手を評価したが、考え方を応用すれば他ポジションの評価も可能だ。刺殺と補殺を用いる従来の評価方法では、左翼手・中堅手・右翼手はフライアウトが一括りにされて区別できない、一塁手はゴロアウトの集計が難しいなどの問題があった。テーブルスコアを活用すればこれらは全て解決するため、活用する恩恵は遊撃手よりも大きいと思われる。より古い時代の評価を進めていくことに加えて、他ポジションにも指標を拡張することを今後の課題としたい。

二軍の守備成績の捉え方

二階堂 智志

　守備の評価はセイバーメトリクスにおいて永遠の課題と言っていい。RF に始まった守備指標の歴史は、映像で判断を行う UZR（Ultimate Zone Rating）や DRS（Defensive Runs Saved）、Statcast を駆使した OAA（Outs Above Average）など、最新の技術を取り込みながら日々進化を続けている。

　そんな中、DELTA 社は去年より二軍戦の UZR による評価を始めた。野球ファンであれば、一軍にはまだ出てきていない、期待の若手の守備が数値化されているというのは興味を惹かれるものだ。

　しかしながら、二軍戦というのは得てして守備が下手なイメージが連想される。UZR が相対評価である以上、例えば +10 という数字を提示されたとしても、一軍レベルではどうなるのか、いまいち釈然としないのではないだろうか。今回は、普段あまり目にする機会のないファームの守備成績を分析した。

1．一軍と二軍の守備の違い

　個別の守備を見る前に、まずは一軍と二軍とでどれだけ環境が違うのかを考えてみたい。集団の単位で守備力を測る場合、旧来より DER（Defense Efficiency Ratio）というスタッツが存在している。

DER ＝（打席－安打－四球－死球－三振－失策）／（打席－本塁打－四球－死球－三振）

　簡単に言えば、BIP（Balls In Play ／本塁打以外の打球）のうちどれだけをアウトにしたかという指標だ。いくつか欠点はあるものの、仕組みとしてはわかりやすい。これを使って、2011 年〜 2020 年の一軍・二軍それぞれの全体の DER の推移を比較してみよう（図 1 ）。

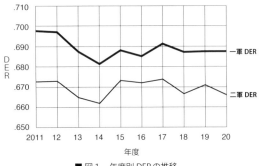

■ 図1　年度別 DER の推移

黒線は一軍の DER、グレーの線は二軍の DER を示している。2020 年ならば、一軍だとインプレーの打球は .688 がアウトになるのに対して、二軍では .666 に留まる。一軍戦での選手の供給は二軍から行われるため、両者の変動はある程度リンクしているのだが、二軍戦は一軍戦より DER がかなり低めに出ていることがわかる。

　平均的には一軍戦から大体 .020 くらい下回っており、投手から見た場合インプレーの被出塁率が 2 分上昇する計算になる。

　ところで、ご存知の方もいるかも知れないが、DER は BABIP（Batting Average on Balls In Plays/BIP 内の安打）に失策を組み込んで 1 から引いたものだ。すなわち DER は BIP 内の失策と安打との 2 つに切り分けることができるということでもある。

　DER から失策を除き、BABIP のみを抽出すると図 2 のようになる。

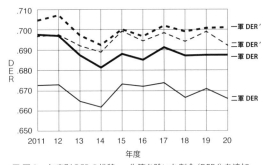

■ 図2　年度別 DER の推移——失策を除いた割合（DER'）を追加

　上に追加された破線が各軍の DER から BABIP を抽出したもの。破線同士で比較した場合、元の比較よりも随分と差が縮まっているのがわかるだろう。

こちらも若干一軍の守備の方が優秀ではあるが、平均すると1年あたり.005くらいの差となっており、DERの.020差に比べるとかなり小さい。DERの差を生んでいる最たる要因は失策の発生率のようだ。

2．二軍戦における失策数

一軍戦と二軍戦の9イニングあたりの失策発生率は表1の通りになる。

■表1　9イニングあたりの失策数

年度	一軍	二軍
2011	0.57	1.02
2012	0.64	1.03
2013	0.61	1.09
2014	0.66	1.05
2015	0.64	1.00
2016	0.62	0.90
2017	0.58	0.95
2018	0.59	1.01
2019	0.61	0.98
2020	0.61	0.92

一軍で失策は9イニングあたり0.6個前後で推移しているが、二軍は1.0個を超える年も多い。概ね1.5倍以上の失策が発生しており、守備の差は失策の発生率の違いに起因していることが改めて確認できた。

しかし、これらはあくまで一軍と二軍の比較であるため、この差は選手のレベルの違いによるものなのか、球場の差などによるものなのかの区別ができない。

そのため、今度は一軍と二軍でともに一定回数守備を行った選手の成績を守備機会数をベースにして加重で比較する。

これは守備位置補正などを算出する際にポピュラーな手法だが、選手ごとに一軍と二軍の守備機会を比較し、少ない方をベースに重みを与え、同様の計算を全選手に行って成績を足し合わせていくというものだ。

今回は2011～2020年の10年間で、ポジション別に一軍と二軍とで同じ年に5試合以上に出場した選手を対象に加重計算を行った（表2）。

■ 表2　一軍と二軍の両方で出場した選手の成績変化（守備率）

守備位置	守備機会	一軍		二軍		差（二軍－一軍）	
		守備率	失策数	守備率	失策数	守備率	失策数
捕	17211	0.992	133.0	0.991	147.2	-0.001	14.2
一	13946	0.993	97.1	0.993	100.6	0.000	3.5
二	8440	0.982	156.1	0.976	204.4	-0.006	48.3
三	3619	0.951	177.1	0.951	178.4	0.000	1.3
遊	6733	0.967	221.4	0.960	266.5	-0.007	45.1
外	16068	0.985	236.8	0.983	268.9	-0.002	32.1

　左から守備機会、一軍での守備成績、二軍での守備成績、両方の差と並んでいる。

　注目してもらいたいのは一番右の差の部分で、すべてのポジションで二軍の守備率が一軍を下回るという、衝撃的な結果になった。

　特に二遊間の落差が大きく、守備率にして二塁なら5厘、遊撃なら6厘程度下がっている。二軍の球場は屋外でクレー舗装を敷いているところも多く、天気が悪い中での試合も多いだろう。メンテナンスの質もどうしても一軍より落ちる。それらの点が守りにくい環境をつくり出している可能性は十分にある。

　二遊間に比べて三塁手と一塁手は守備率の減少があまり見られない点は興味深い。理由はいくつか考えられるが、二軍戦では三塁手や一塁手の失策を招きやすい極端なプルヒッター（主に外国人選手）が一軍に比べて少ないのが理由のひとつにあるのかもしれない。

　とはいえ、両者を見比べた限りでは失策数の比率が1.5倍を超えるポジションはなく、失策が発生しやすい要因は選手のレベルの差にもあると考えられる。

3．得失点ベースでの二軍守備評価

　ここまで失策数に着目してきたが、失策というのは守備全体のほんの一面でしかない。守備の目的は失策を減らすことではなく失点を減らすことであり、冒頭で挙げたUZRも得失点による守備評価である。今度は一軍と二軍のUZRを比較してみたいところだが、何ぶん今季から集計を開始されたため1シーズン分のデータしかなく、サンプルサイズの確保が難しく信頼性に欠ける。そのため今回は、ボックススコアから守備を評価できるRRFを使って比較を行う。

　今より40年以上前に、ビル・ジェームズは9イニングあたりの刺殺・補殺を示すRF（Range Factor）という指標を提唱した。これは守備率と異なり「アウトにでき

なかった打球数」の一種でしかない失策数だけを評価対象とするのではなく、いくら
アウトを獲得できたかで守備力を測ろうとする画期的な試みであった。

　しかし、大きな粗が目立つ指標でもある。第一に RF は 9 イニング（= 27 アウト）
のうちの刺殺・補殺の獲得割合であるため、全く能力の異なる守備陣であっても獲
得できる総 RF はほとんど差がなく、例えば守備の名手ばかりのチームだった場合で
もお互いの RF を食い合って平凡な守備の選手だと評価されかねないこと。第二に、
奪三振の多いチームに所属していた場合は 27 アウトの中で三振が多くなり、フィー
ルドに飛ぶ打球数が減少してしまうため不利に働くこと。第三に、同じ数の奪三振数
であってもゴロピッチャーとフライピッチャーの割合で守備位置ごとに処理できる打
球数が全く違うこと。

　そんな RF の補殺や刺殺で評価を行うという基礎の部分はそのままに、上記の欠
点を補うために考案された指標が RRF（Relative Range Factor）だ。

　その選手が所属する球団の成績から、守備に就いたときの三振数や打球の傾向
を求めて守備機会の補正を行う。補正した値から、平均的な選手ならば同じ状況で
いくらアウトを獲得できたかを推定し、実際に獲得できたアウト数との差を求め、得
点数に換算することで求められる。

　実際に打球を計測して評価を行う現代の守備指標と比べるとどうしても信頼性で
劣ってしまうが、選手ごとの精密な評価を行うことが目的ではなく、あくまで一軍と
二軍の守備のレベルを比較することに主眼を置いているため、今回はこれで代用で
きると判断した。

　参考までに、2020 年のファームで遊撃手として 300 イニング守った選手の二軍
UZR と二軍 RRF を掲載する（表 3）。

■ 表 3　ファームで遊撃手として 300 イニング守った選手の二軍 UZR と二軍 RRF（NPB/2020）

選手	球団	守備イニング	二軍 UZR	二軍 UZR (RngR)	二軍 RRF
村林 一輝	楽天	472 1/3	12.8	4.7	9.2
森 敬斗	DeNA	441 2/3	4.0	2.0	0.3
小園 海斗	広島	506 1/3	3.4	3.8	-2.5
武岡 龍世	ヤクルト	499 2/3	1.6	1.1	7.1
平沢 大河	ロッテ	322	0.7	-0.2	-1.3
川野 涼多	西武	399 1/3	-0.1	-2.6	-4.4
上野 響平	日本ハム	400 1/3	-1.7	1.3	6.4
紅林 弘太郎	オリックス	551 2/3	-6.7	-0.4	-1.3

　RRF は UZR と異なり打球に対してどれだけ刺殺・補殺を記録できたかを評価対

象にしているため、UZR のうち RngR のみの評価を併記している。2020 年の二軍遊撃 UZR が一番高かったのは村林の 12.8 だが、二軍 RRF は 9.2 となる。ざっと見る限り、いくらか評価が食い違う選手はいるものの、全く当てにならない数字でもないようだ。

　今回採用した RRF は、基本的な仕組みは既存式とほぼ同一のものを採用している。同じ RRF を使った成績同士の比較であり式自体も煩雑なことから算定式は割愛するが、イニング数に関しては筆者固有の手法でカウントした[1]。

　さて、ここからが本題だ。一二軍の成績から同じ計算式で RRF を算出し、前述の守備率の手法と同様に比較を行う。今回は、2011 ～ 2020 年の間で、同年に各ポジションで一二軍ともに 100 イニング以上[2]守備に就いた選手の RRF を加重で合算し、その差分を 1000 イニングあたりの数字に直したものを表 4 に示す。

■ 表4　一軍と二軍の両方で出場した選手の成績変化（RRF）

守備位置	守備イニング	RRF/1000 （一軍）	RRF/1000 （二軍）	RRF 差 /1000
捕	9433 1/3	-1.5	1.0	-2.5
一	4987 1/3	1.4	-2.4	3.8
二	4341 2/3	-13.2	-9.7	-3.5
三	4385 1/3	5.2	-2.7	7.8
遊	5967 2/3	-5.9	-1.9	-4.0
左	4727	0.4	-14	14.4
中	9963	0.3	2.0	-1.6
右	5319 2/3	6.0	2.9	3.1

　比較対象となった選手の合計守備イニング、合計の RRF を 1000 イニングあたりの数字に直したもの、二軍の一軍に対する RRF の差分、の順で並べた。

　最も重要なのは一番右の RRF 差。例えば遊撃の部分は -4.0 になっているが、こ

[1]　守備記録のうち、イニング数は公式に発表されておらず、特に 2019 年までの二軍成績は守備イニング数を取得するのが難しいため、こちらで推定する必要がある。一般にはチーム内の先発出場と途中出場とで出場割合を求めることが多いが、今回は 1 試合のうちで各ポジションごとに先発出場した選手と途中からそのポジションに就いた選手とを分け、もしも先発の 1 人しか守りに就いていなければその試合の投手の合計イニング数を、2 人以上が就いていたなら途中出場した選手には 2 イニング（途中出場した選手は平均 2 イニング前後守備に就くため）を、先発出場した選手には全イニング - 途中出場した選手の数× 2 イニングを、それぞれカウントする方式して足していく方式を取った。

[2]　100 イニング以上としたのはイニング数の推定で大きなブレが発生する控え以下の選手を極力省きたかったため。特に一部の二軍選手は複数ポジションのたらい回しが激しく、最低イニング数を減らすと数字が極端に変動する。

れは二軍の遊撃で 1000 イニングを平均的なレベルで守った選手は、一軍では 1000 イニングあたり RRF で 4.0 点分マイナスの守備をこなす、ということを示唆する。

実に興味深い結果になっている。二遊間はマイナスとなっており、やはり一軍の守備のレベルは二軍よりも高いということがわかる。このあたりはイメージ通りという人も多いだろう。

次いで捕手と中堅がマイナス。なお、捕手は盗塁阻止やフレーミングのデータが取得できなかったため、実質的に評価対象は捕逸と失策のみだ（一軍もそれに合わせたものにした）。そのため、他より差が生まれにくいはずなのだが、2.5 点もの差がついていることから、捕手を一軍昇格する際には後ろに逸らさない能力が非常に重視されていることがわかる。

さらに右翼・三塁・一塁と打撃系のポジションが続き、左翼手がずば抜けて高い。これは、一軍だとセ・リーグが DH 制を不採用にしているのに対して、現在二軍は DH 制の有無をホーム側が選択できる関係で、ほとんどのチームが DH 制を採用している点が原因として考えられる。

■ 表5　投手と指名打者の打席割合

守備位置	セ・リーグ (一軍)	パ・リーグ (一軍)	二軍
投手	5.42%	0.00%	0.22%
指名打者	0.00%	11.05%	9.87%

■ 表6　左翼の UZR/1000（一軍）推移

年度	セ・リーグ	パ・リーグ
2020	0.5	-0.5
2019	-4.2	4.2
2018	-7.2	7.2
2017	-4.7	4.7
2016	-3.4	3.4
2015	-5.9	5.9
2014	-1.0	1.0

2020 年の各リーグの打席数全体に占める投手・指名打者の打席割合は表5のようになっている。

DELTA 社の UZR は両リーグ合わせた全体の平均を 0 としているのだが、左翼の一軍 UZR は DH 有りのパ・リーグ平均の方が DH のないセ・リーグ平均よりも高くなる傾向にある（表6）。2020 年を除き、すべての年でパ＞セとなっている。これと同様に、DH 制による試合が大部分を占める二軍では、打撃専の選手が左翼に回される機会が減り、左翼の平均的な守備のレベルが一軍より大きく引き上げられていると考えられる。

4．リプレイスメント・レベルとの比較

話は変わるが、セイバーメトリクスにはリプレイスメント・レベルという概念が存在している[3]。守備のリプレイスメント・レベルはポジションごとに数値が異なり、センターラインはマイナスに、それ以外はプラスの数値になるのだが、この傾向は前述の検証で求めた一二軍の RRF の差のものと似ている。

2011 ～ 2020 年の、各球団・各ポジションで一番多く守った選手を除いた一軍の UZR 及び RRF は、1000 イニングあたりだと表 7 の通りになる（UZR は 2014 年以降のデータ）。

■表 7　NPB における各ポジションの守備でのリプレイスメントレベル

守備位置	一・二軍の RRF 差 /1000	一軍のリプレイスメント・レベル	
		UZR/1000	RRF/1000
捕	-2.5	0.0	-0.4
一	3.8	0.4	-2.1
二	-3.5	-2.8	-2.3
三	7.8	0.7	0.0
遊	-4.0	-4.8	-5.3
左	14.4	2.3	0.6
中	-1.6	-3.4	-4.0
右	3.1	-0.2	2.5

「一二軍の RRF 差 /1000」は前出の分析で求めた二軍の一軍に対する RRF の差だ。UZR/1000 と RRF/1000 は一軍レベルのリプレイスメント・レベルの 1000 イニングあたりの一軍成績である。

リプレイスメント・レベルの対象はだいたい一軍半～二軍くらいの選手となっており、二軍で起用される選手層に共通した部分がある。さらに、センターラインには守備のいい選手を、三塁や左翼には打撃型の選手を――といったポジションごとに起用される選手のタイプに選択バイアスが発生するため、ある程度一貫した傾向が生まれているのだと考えられる。

[3]　最小コストで用意可能な代替選手に期待される水準。選手を評価する際、平均を評価基準にしてしまうと実態に即さない面があるため、リプレイスメント・レベルを用いることでその選手が出場していない場合に想定される控え選手を 0 として扱っている。リプレイスメント・レベルは一般に、全体の成績からレギュラー相当の出場機会を与えられた選手を除外し、残った成績を合算して算出する。守備の場合、球団ごとに各ポジションで一番多く守った選手の成績を全体成績から除くことで求められる。

　ただ、特にセンターライン以外は二軍のほうが守備の水準が高めである。これは、一軍で起用する選手は守備よりも打撃の方が優先されやすい（守備よりも打撃のほうが数字に表れやすいのも関係しているであろう）点や、上で既に挙げた DH の有無の影響があるだろう。また、先行研究では守備は打撃に比べて年齢による衰えがはやい[4]ことがわかっている。二軍の守備者の年齢が一軍のリプレイスメント・レベルのそれよりも若いため、二軍の方が守備力が高めに出ているのだと推測できる。

　リプレイスメント・レベルは 20 代後半〜 30 歳強が多いが（表 8）、二軍の平均年齢はほとんどが 20 代中盤であり、やはり二軍の方がずっと若い選手が多いようだ。

■ 表8　一軍リプレイスメント・レベルと二軍選手の平均年齢比較

守備位置	一軍リプレイスメント・レベル年齢	二軍年齢
捕	29.7	25.5
一	30.8	26.8
二	28.8	25.0
三	30.1	24.4
遊	27.7	23.1
左	31.0	26.2
中	26.7	24.8
右	28.5	25.5

　最後に、一軍のセンターラインで高い UZR を複数回記録した現役選手の、台頭する前の二軍の RRF（表 9）を付録として掲載して終わりたい。こちらに関しても、守備イニングはデータがないため、前述の方法で推定した値を使っている。

[4]　https://tht.fangraphs.com/fielding-aging-curves

105

■ 表9　守備で能力を発揮した選手の二軍時代の RRF

名前	球団	年度	位置	RRF	推定守備イニング
坂本 勇人	巨人	2007	遊	6.1	623
坂口 智隆	オリックス	2007	中	11.9	322 1/3
松田 宣浩	ソフトバンク	2007	三	4.5	282 1/3
浅村 栄斗	西武	2010	遊	-5.8	527 2/3
			三	2.9	34
中島 卓也	日本ハム	2011	遊	-9.4	608
大島 洋平	中日	2011	中	7.2	154 2/3
今宮 健太	ソフトバンク	2012	遊	1.9	43
		2011	遊	11.6	531 1/3
菊池 涼介	広島	2012	二	1.6	52 2/3
			遊	-9.7	403 1/3
安達 了一	オリックス	2012	遊	3.7	229 2/3
山田 哲人	ヤクルト	2012	遊	9.7	333 2/3
桑原 将志	DeNA	2015	中	5.1	171 2/3
外崎 修汰	西武	2016	二	2.4	16 2/3
			三	0.6	205 1/3
			遊	4.7	249 1/3
中村 奨吾	ロッテ	2017	二	0.2	62
			三	-3.0	48 2/3
			遊	1.2	229 1/3

推定値に表れない要素の一貫性

蛭川 皓平

　プロ野球において「強いチームは同じアウトになるのでも、走者を進めるチームバッティングができるものだ」とか「試合運びの巧者は得点・失点に表れる戦力に比して多くの勝利をあげることができる」といった評論がなされることがある。セイバーメトリクスの評価指標ではプレーが発生した細かい状況を考慮せずに計算を行うことが多いが、そうした評価が測定しない「チーム力」のようなものは実際どの程度存在するのだろうか。本稿では推定値と観測値との差異について、各試合を通じた一貫性を見ることで推定値に表れない要素の計測を試みたい。

1. 推定値に表れない要素

　セイバーメトリクスにおいては原則として「状況を中立的だとした場合」の推定値に基づいて選手やチームの評価を行う。例えばピタゴラス勝率では1得点はどの試合のどのイニングで記録されても同じ扱いとして総得点にカウントされ、年間の予測勝率が計算される。また、wOBAにおいても打者が記録した1安打はやはりイニングや点差を問わず全て均一なものとして計算される。

　しかし実際には中立的な推定値に表れない何かしらの能力や要素があるかもしれない。この問題は特に個々の選手について「勝負強さ」の問題としてセイバーメトリクスでも伝統的に研究されているが[1]、本稿ではチーム単位で議論したい。要素として想定しているのは例えばチームバッティングができていることによりBaseRunsによる推定よりも多くの得点をあげることができるとか、試合巧者であるためにピタゴラス勝率よりも高い勝率をあげることができるといった事柄である。

　総合評価指標のWAR（Wins Above Replacement）は成績を得点・失点の推定値に変換しそこから勝利の推定値に変換するという2段階の推定を前提としている。

[1]　研究状況をまとめたものとして拙稿「勝負強さの研究」岡田友輔他『デルタ・ベースボール・リポート2』（水曜社 2018）

もしそのような推定から漏れる部分に重要な要素があれば、指標の有用性に影響しかねない。セイバーメトリクスの評価体系の前提を確認する意味でも検討する意義があると考える。

2．分析の考え方

（1）推定値と観測値の差異

　本稿では 2014 年から 2019 年の NPB を対象に分析を行っていく。どの部分で推定値と実際の結果の差異を捉えるかについてまとめると図 1 のようになる。

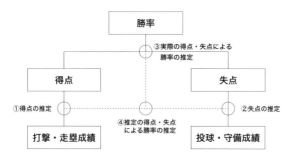

■図1　分析の見取り図

　まず打撃・走塁成績から得点数を推定することができる（①）。推定値を計算する指標としては wOBA(wRC) や RC や BaseRuns がある。この場面において推定値と実際の得点数（観測値）との差異を見れば、打撃成績から見込まれる平均的な得点数よりも多く得点を稼げているかがわかる。チームとしての勝負強さや「凡打でも走者を進めるチームバッティング」が存在するなら、この差異に一貫性が認められるはずである。

　次に①の裏返しとして安打や四球を守備成績として見ると投球・守備成績から失点数を推定することができる（②）。これを観測値と対比させれば許した安打や四球に対して実際の失点をどれだけ防いでいるかがわかる。「粘り強い」守りのような表現になるだろうか。

　また実際の得点・失点を所与として勝率を推定することができる（③）。これは要するにピタゴラス勝率である。実際の勝率とピタゴラス勝率の差異には試合ごとの

得失点の分布が反映され、勝ちに接戦が多く負けに大敗が多いような場合は見込みよりも実際の勝率が高くなる。この部分が「戦力が低くても巧みに勝つ」ものとして監督の采配力の表れだとする見方もある。

　最後に推定の得点・失点をもとに勝率を推定することも考えられる（④）。これはあまり明示的に扱われることはないが、前述の通り WAR などの計算において暗黙の前提とされているとも言えるし、チームの戦力の評価として用いられる場合もある。FanGraphs や 1.02 Essence of Baseball において「BaseRuns 成績」などとして掲示されているのがそれである[2]。結局この段階の推定値は「このくらいの打撃成績・投手成績ならこのくらいの勝率になるだろう」という推定をするものであり、安打がどれだけ集中して得点になったか、得点が試合のどんな場面で出て勝利に結びついたかの部分を「均して」チームの戦力を評価するような意味合いになる。

（2）戦力評価における頻度と順序

　分析の前提として整理しておきたいが、セイバーメトリクス的な戦力の評価ではなるべく事象を分解し、分布を均して見ようとする傾向がある。例えばシーズン開始１ヵ月の成績からその先を予測するとき、ただの勝敗の結果よりは得点と失点を見た方がより適切にチームの強さを推し量れると考える。さらに、得点と失点も分解して打撃成績・投手成績で見る場合がある。

　これが上記の「BaseRuns 成績」にあたる。何故このような分解を行うのかの考え方は難しいものではない。シーズン開始１ヵ月で勝敗の数字が同じ２つのチームがあったとして、より得点が多く失点が少ない方が戦力としては上回っているという推論が働くのは自然だろう。また同様に、同じ得点数であっても安打や四球を多く稼げている方が、たまたま得点が少なかっただけで今後は期待できるという見方になりやすい[3]。

---

[2]　Dave Cameron は FanGraphs が BaseRuns による成績を算出する趣旨を説明している。
　　　https://blogs.fangraphs.com/expected-run-differentials-2-0/
[3]　順序の議論も含めてこのあたりの考え方をわかりやすくまとめている記事に FanGraphs の下記がある。
　　　https://library.fangraphs.com/team-record-pythagorean-record-and-base-runs/
　　　また、岡田友輔他『セイバーメトリクス・マガジン 2』（デルタクリエイティブ 2013）所収の三宅博人氏による論考「ピタゴラス勝率を使う意味」ではピタゴラス勝率（をはじめとしたセイバーメトリクス指標）が結果に含まれる揺らぎを取り除くフィルターの役割を果たすとする見方が示されており、親和性を有する議論だろう。

　得点が発生する仕組みで考えると、事象(安打や四球、凡打など)の頻度と順序が重要である。例えば打率は安打を打つ頻度であり、それに加えて安打がどのような順序で発生するかによって得点の発生が決まる。1番から6番までの打席の結果が「四球、安打、本塁打、三振、三振、三振」であれば3点が入るが本塁打と四球を入れ替えて順序を変えると1点にしかならない。BaseRunsやwOBAといった指標が考慮するのは事象が発生する頻度のみであり、それがどのような順序で発生したかは考慮しない[4]。

　順序を考慮しない方がチームの戦力を適切に測ることができると考えているということは、順序の部分は実力というよりも偶然的な巡り合わせの影響が大きいとみなしていることになる。たしかに打者は基本的に常にヒットを打とうとしている中で結果的に打てたり打てなかったりして打率という成績が残る。ある打席であえてヒットを打たずに温存し次の打席で打つなどということはできないし、先頭打者がヒットを打ったからといって次の打者が打てなくなるわけでもない。そのように考えると順序の部分は結果的な巡り合わせという側面が強く、戦力を評価する際には考慮しない方がいいという考え方は説得力がある。

　本稿の位置づけは、上記の議論は筋道としてはわかるもののどの程度そのように言いきってしまっていいのか定量的な結論は測定をしてみなければわからないため実際に測定をしてみようという試みである。

　なおBaseRunsなどの得点推定式と実際の得点数の近似及びピタゴラス勝率と実際の勝率の近似は元々かなり精度が高い。仮に推定値に表れない要素によって観測値が大きく左右されるのであればそもそも強い相関関係は見られないはずだから、推定値に表れない要素の比重が小さいことはすでにわかっている。ただし推定値に表れない要素が大きいかどうかと、それに一貫性があるかどうかは異なる問題である。

---

[4]　ただし犠打、犠飛、併殺打といった事象は特定の順序の下でしか発生しないため、これらの事象を計算式に組み込む場合には部分的には順序を考慮に入れることになる。

（3）差異の一貫性の測定方法

　単に各年度のチーム成績に対して観測値と推定値の差異を計算してもそれが偶然的な揺らぎによるものなのか一貫性のあるものなのかわからない。そこで本稿では、各年度のチーム成績を「奇数試合目の成績」と「偶数試合目の成績」の2つに分割し、両者の相関を分析する。「奇数試合目の成績」には1試合目、3試合目、5試合目……の成績がチーム合算され、「偶数試合目の成績」には2試合目、4試合目、6試合目……のチーム成績が合算される。

　例えば「得点の推定値に対して実際の得点を多く稼ぐことができるチーム」が存在するとして、そのチームが奇数番目の試合では能力を発揮するが偶数番目の試合では発揮しないなどということは考えにくいから、仮に差異を生み出す何かしらの一貫した要素が存在するなら両者の相関として表れるはずである。そうでないなら、差異が検出されたとしても単なる偶然的な揺らぎであることになる。

3.一貫性の測定結果

（1）得点数の推定

　まず分析の見取り図（図1）でいう①の部分を見ていく。得点数の推定に関しては最も精度が高い得点推定式とされる BaseRuns を使用する[5]。対象となる 2014 〜 2019 年 NPB の延べ 72 チームにあてはめて年間の得点数との相関を見ると決定係数 .93 と高い値が出たため優秀な推定と考えていいだろう[6]。

[5]　使用した計算式は FanGraphs（https://library.fangraphs.com/features/baseruns/）より引用した。ただし、FanGraphs では B コンポーネントに 1.1 を乗じているが NPB の得点環境に合わせてこれを省略している。

　　　BaseRuns=[(A*B)/(B+C)]+D
　　　A=H+BB-0.5*IBB+HBP-HR
　　　B=1.4*TB-0.6*H-3*HR+0.1*(BB-IBB+HBP)+0.9*(SB-CS-GIDP)
　　　C= PA−BB−SF−SH−HBP−H+CS+GDP
　　　D=HR

[6]　打撃指標としてポピュラーな wOBA を用いない理由は、野球の攻撃には攻撃事象が集中するほど自然と事象一つひとつの価値が上昇する性質（非線形性）があるが wOBA はこれを反映しないためである。打者個人を評価する際にはこの点は実質的に問題とならないが、本稿のようにチーム単位の分析をする場合には偏りとして影響しかねないため非線形性を考慮する BaseRuns を用いる。

　奇数番目の試合の成績と偶数番目の試合の成績それぞれに対して、観測値（実際の得点数）を推定値で割った値（得点比率と呼ぶことにする）を求め、奇数試合の得点比率と偶数試合の得点比率を散布図に表した（図2）。得点比率が1を超えれば推定値よりも多く得点を稼げており、逆に1未満であれば推定値より得点が少ないことになる。

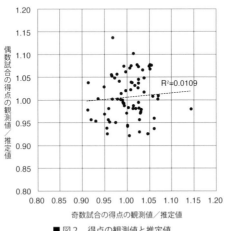

偶数試合の得点の観測値／推定値

R²＝0.0109

奇数試合の得点の観測値／推定値

■ 図2　得点の観測値と推定値

　相関係数は.10、決定係数は.01であり、奇数試合における得点比率の高さは偶数試合における得点比率を1％しか説明できないことがわかった。ほとんど一貫性がないと表現しても差し支えないだろう。

　なお、延べ72チームをそれぞれ半分に分けた合計144サンプルを通じて得点比率の標準偏差は.045だった。これはシーズンの半分において実際の得点は推定値から4.5％程度のズレでばらついていることを意味する。相関係数を乗じて平均値の1を足すと平均への回帰を考慮してそのチームの得点比率の「真の能力」を推定することができるが[7]、そのように計算すると例えば奇数試合で得点比率が1.045

---

[7]　平均への回帰については下記の拙サイトなど参照。また「真の能力」といってもここでは統計的な一貫性だけを問題にしているのであって、それが何の要因によるものかは特定されていない。すなわち、その分だけ「チームバッティング」があることの証明となるものではない。
　　　http://baseballconcrete.web.fc2.com/alacarte/theory_of_reliability.html

だったチームの真の能力は 1.0045 と推定される。年間で BaseRuns が 600 の打線なら得点比率により 2.8 点の上積みが期待されるという意味になる。

　参考までに Pete Palmer によると得点に見込まれる偶然的なばらつきは「得点数の 2 倍の平方根」で見積もることができ[8]、600 に対しては 34.6 である。2.8 点は絶対的にも小さいし偶然的な変動と比較しても小さいことがわかる。打撃成績以上にうまく得点を稼ぐチーム力のようなものはほとんどないと言える[9]。

　また付随する興味関心として、奇数試合（あるいは偶数試合）の成績から偶数試合（あるいは奇数試合）の得点数を予測するときに得点数の観測値をもとにするよりも順序を無視する BaseRuns などの推定値を用いた方が優れた予測ができる可能性について考えた。しかしこれについては奇数試合と偶数試合の試合あたり得点の相関係数が .61、奇数試合の試合あたり BaseRuns と偶数試合の試合あたり得点の相関係数が .59、偶数試合の試合あたり BaseRuns と奇数試合の試合あたり得点の相関係数が .56 であり、これといって BaseRuns による予測が優れている傾向は見出されなかった。

（2）失点数の推定

　次に分析の見取り図（図 1 ）の②、失点の推定値と観測値の対比を見ていく。失点数についても得点数について行った計算を投球・守備成績に対して行い失点の推定値を計算、奇数試合と偶数試合それぞれについて失点比率（失点の観測値を失点の推定値で割った値）を算出した（図 3 ）。結果は相関係数 .16、決定係数 .02 となった。

推定値に表れない要素の一貫性

[8]　Pete Palmer, "Intentional Walks Revisited," By the Numbers, 2017, p.20.
　　　http://www.philbirnbaum.com/btn2017-07.pdf
[9]　関連する研究として Cyril Morong は、走者を進める凡打などのいわゆる「プロダクティブ・アウト」
　　　が実際に有効かどうかを検証した結果ほとんど勝敗に影響を与えないと結論している。
　　　http://cyrilmorong.com/PROD.htm

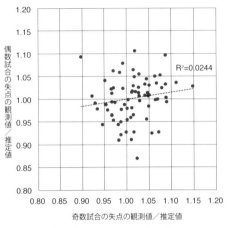

■ 図3　失点の観測値と推定値

　得点比率に比べると相関係数は若干高いものの分布を見ても法則性のようなもの
は見出しにくい。

　シーズン半分における標準的な失点比率のばらつきは 4.8% である。平均への回
帰を考慮した上で失点比率 1.048 の場合に見込まれる「真の失点比率」による（推定
値 600 に対する）利得は 4.5 点であり、やはり絶対的な影響は小さい。

　なお推定値と観測値の乖離という観点を離れて単純に異なる期間に関する失点
の予測の話をすると、奇数試合と偶数試合の（被）BABIP の相関係数は .37 であり、
それに対して打席あたり奪三振の相関係数は .84、与四球は .72、被本塁打は .53
である。やはりインプレー打球の部分の揺らぎは守備から独立した要素に比べて大
きいようである。もっとも、それならば偶数試合（奇数試合）の失点数を予測するとき
に奇数試合（偶数試合）の失点数ではなく FIP を使ったほうがいいのではないかとも
思われたが、そのようなはっきりとした傾向は見られなかった[10]。

---

[10]　当然ながらこの議論は、結果として生じた失点の責任を投手と守備で分配するための方
　　　法として FIP 及び BABIP/DER が有用であることに何ら影響を与えない。

（3）勝率の推定（ピタゴラス勝率）

　続いて分析の見取り図（図1）の③、得点数・失点数から推定される勝率と実際の勝率との差異について見ていく[11]。

　推定値には勝率の予測式として最も正確とされるPythagenpat式を用いることとした。Pythagenpatはピタゴラス勝率の改良版で、指数の2を得点環境に合わせて調整する計算式である。MLBの計算では指数を試合あたり得点・失点の0.285乗などとして計算するが[12]、この0.285乗も環境によってあてはまりがいいものが異なる。今回は過去のNPBに合わせて0.25乗を用いることとした[13]。2014～2019年のNPBでの勝率と推定値との相関は決定係数で.85である。

　上記の推定値で実際の勝率を割った勝利比率を算出し、奇数試合と偶数試合とで相関関係を見た（図4）。

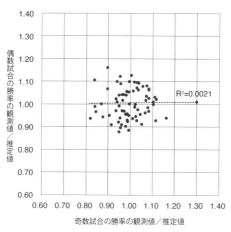

■ 図4　勝率の観測値と推定値

[11]　先行研究として、竹下弘道氏はPythagenpat式により計算した勝率と実際の勝率との差異の年度
　　　間相関を計測し、非常に弱い相関関係しかないことを報告している。
　　　https://ranzankeikoku.blog.fc2.com/blog-entry-2150.html
　　　本稿の竹下氏との違いは、本稿ではシーズンをまたがずに一つのシーズンの中で一貫性を計測して
　　　いる点である。シーズン内で一貫性を計測するのは、本当は采配が影響しているがシーズンをまた
　　　ぐことで采配の方針や戦力の内容が変化するから一貫性が検出されていないにすぎないのかもしれ
　　　ないという素朴な疑問を検討するためである。
[12]　https://legacy.baseballprospectus.com/glossary/index.php?mode=viewstat&stat=136
[13]　勝率推定値＝得点ⁿ÷（得点ⁿ＋失点ⁿ）、n=（（得点＋失点）÷試合）^0.25

　相関係数は .05、決定係数は .002 となった。奇数試合の勝利比率では偶数試合の勝利比率を 0.2% しか説明できない。全く一貫性がないと言っていいだろう。

　勝利比率は特に采配の評価として持ち出されることも多い。得点数が失点数に対してそれほど多いわけではないのに勝率が高いのは、監督の手腕によって試合運びをうまく進めたためだという理屈だろうか。しかし一貫性のデータはこの考えと矛盾するし、采配に限らず勝利比率に対して一貫した（かつ、意味がある形で検出できる程度に大きい）影響を与える要素は存在しないことになる。

（4）勝率の推定（BsR 勝率）

　最後に分析の見取り図（図 1 ）でいう④、「推定の得点数と推定の失点数から推定した勝率」と実際の勝率との差異を分析する（図 5 ）。得点数と失点数の推定には①と②の部分を見たときと同じように BaseRuns を用い、これを前述の Pythagenpat 式に入力することで推定値とした（このようにして計算した勝率推定値を BsR 勝率と呼ぶことにする）。

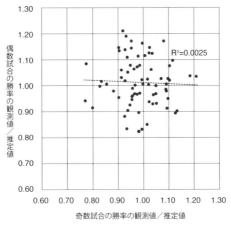

■図 5　勝率の観測値と推定値（得点・失点も推定の場合）

　実際の勝率を推定値で割った値の分布はやはりランダムである。

ここで、FanGraphs や 1.02 Essence of Baseball が BsR 勝率に相当する数字を掲載している意味を簡単に検討してみたい。「分析の考え方」で述べた通り、実際の勝敗ではなく BsR 勝率でチームの戦力を測るのは順序を無視して事象の頻度で評価をした方が偶然に左右されない戦力が評価できるとする考え方に基づいている。

ひとまずここまでの計算と足並みを揃えて奇数試合・偶数試合で分けて片方から他方の勝率を予測することを試みた。

奇数試合・偶数試合の成績に対して実際の勝率・ピタゴラス（Pythagenpat）勝率・BsR 勝率を計算しそれぞれの相関係数を計算したのが表1である。

■ 表1　各種勝率の相関行列（奇数試合と偶数試合）

項目		奇数試合		
		勝率	ピタゴラス勝率	BsR 勝率
偶数試合	勝率	.456	.448	**.463**
	ピタゴラス勝率	.522	.526	.509
	BsR 勝率	**.530**	.536	.517

まず一番左の列を縦に見ると、奇数試合の実際の勝率に対して偶数試合の実際の勝率・ピタゴラス勝率・BsR 勝率のどれが最も相関が強いのかがわかる。実際の勝率よりもピタゴラス勝率の方が、さらにピタゴラス勝率よりも BsR 勝率の方が相関が強い結果となっている。

そして一番上の行を横に見ると、偶数試合の実際の勝率と奇数試合の推定値との相関関係がわかる。ここでも BsR 勝率が最も相関が強い。ただし微小な差であり、ピタゴラス勝率は実際の勝率に劣っている。

次にシーズン開始 70 試合目までを前半戦、それ以降を後半戦として分類し、前半戦の成績から後半戦の勝率を予想するという実際にありそうな場面を想定した分析を行った[14]（表2）。

■ 表2　各種勝率の相関行列（前半戦と後半戦）

項目		前半戦		
		勝率	ピタゴラス勝率	BsR 勝率
後半戦	勝率	.423	**.499**	.456
	ピタゴラス勝率	.434	.517	.494
	BsR 勝率	**.457**	.510	.497

[14]　この種類の分析の先行研究として Dan Fox による下記がある。
https://tht.fangraphs.com/pythagoras-and-the-white-sox/

推定値に表れない要素の一貫性

　前半戦の勝率と後半戦の勝率の相関係数は .423 であるのに対して前半戦のピタゴラス勝率と後半戦の勝率との相関係数は .499 である。すなわち、前半戦の成績から後半戦の勝率を予測するには実際の勝率よりもピタゴラス勝率を用いた方がいいという結果になっている。BsR 勝率は .456 でピタゴラス勝率より低いが、それでも実際の勝率より相関が強い。

　ちなみに後半戦の成績の中で前半戦の勝率と最も相関が強いのは BsR 勝率である。このあたりは、各指標に顕著な差があるわけではないためサンプリングの仕方によって結果が変わってくるのだろう。それでも BsR 勝率を計算することに一定の意味はありそうだと言える。

　これは順序の部分(すなわち勝利比率)に一貫性がないことの裏返しである。一貫性がない事柄は予測の役に立たないから、チームの強さを評価するときには組み入れない方がいい。このため順序を捨象したピタゴラス勝率・BsR 勝率が予測において有効な働きをすることになる。

4．総括及び若干の検討

　以上、本稿では得点の推定値と実際の得点、失点の推定値と実際の失点、勝率の推定値(得点及び失点を実際の値による場合と推定値による場合)と実際の勝率の差異についてシーズン内で一貫性が認められるのか検討を行った。いずれも全くと言っていいほど一貫性は認められない結果となった。

　これはセイバーメトリクスで開発されている BaseRuns やピタゴラス勝率などの指標が有用であることの証左とも言える。これらの指標は観測値との相関関係が強く、若干の差異の部分についても一貫性がないことから、逆に言えば一貫性がある重要な要素はすでに変数として拾われていることになる。こうした性質が保証されている事実は、観測値が存在するチーム単位を離れて選手個人に適用し評価を行う上でも重要である。

　さらには BsR 勝率の分析で見たように、推定値は現実の結果よりも真の戦力の評価として有用な場合があり得る。推定値は机上の数字として敬遠されるきらいがあるが、表層の結果を離れて中身に踏み込むことでむしろ物事の実質に迫ることができる[15]。強力打線が春先だけ不調であっても「スイングを見ると振れているからいずれ結果が伴うようになるだろう」などと考えるのと本質的には同じことである。

　本稿の分析では観測値と推定値の差異の一貫性はほとんど検出されなかったが、最後に、思いつく範囲で理論的に一貫した差異を生じさせ得る要素について若干のコメントをしておきたい[16]。

　第一に監督の采配の影響についてである。勝率と勝率推定値との差異を監督の評価とするのが妥当でないことは、セイバーメトリクス界の通説と言っていいだろうが[17]、私見としてはその理由は差異に一貫性がないから(だけ)ではない。

　すなわち、勝利効率の一貫性の要因の一つとして監督の采配が影響している可能性があるにすぎないのであり、勝利効率が采配のみによって左右されるわけでもなければ、監督の影響の全体が勝利効率に含まれるわけでもない(図6)。例えば選手への指導や適切な起用により打撃成績・投球成績自体が良くなることは、勝利効率の向上としては表れない。

■図6　勝利比率と監督の影響の包含関係

[15]　当然ながら打撃成績自体もひとつの結果であり、そこからさらに「打撃成績を生み出す要素」に分解することもできる。トラッキングデータの登場により近年台頭しているxwOBA や成績予測による方法が考えられる。

[16]　実際の勝率とピタゴラス勝率の差異の要因については David Gassko が検討を行っている。Gassko は(1)打線における打力の均衡度合い(2)救援投手陣の起用法(3)監督の経験年数(4)本塁打への依存度の4つの尺度から際の説明を試みている。結果として差異の14% を説明する計算式がつくられたとしているが、救援起用の尺度に(実際に)勝利したことを意味に含むセーブの数字を使用している点には若干の疑問がある。
https://tht.fangraphs.com/pondering-pythagoras/

[17]　例えば Scott Lindholm は「(ピタゴラスによる勝利数は)采配の有効性の正確な尺度ではない」と論じている。
https://www.beyondtheboxscore.com/2014/3/17/5504652/manager-pythagorean-wins

したがってもし仮に勝利効率に一貫性が検出されたとしても、それをもって采配や監督そのものの評価とするのは問題がある。逆に勝利効率がそのまま監督の優秀度合いを表すと仮定して分析結果を解釈すると、監督がチームに与える一貫した影響はほとんどないことになる。

第二に、救援投手陣の質及び量も勝率推定値からの乖離を生み出す要因としてよく指摘される。たしかに救援投手陣が優秀でそれに対する依存が強いチームであれば、中盤まででリードしている試合は優れた救援投手を投入することで接戦でも逃げ切りやすくなる。一方で負け試合では優秀な救援投手を起用しないから大敗になりやすくなるだろう。

論理としては筋が通っているように思われるが、こうした要素が分析結果に表れなかったのは何故なのだろうか。可能性としては、現代の野球において救援への戦力の配分は各チームでそれほど大きな差がなく、チームごとで分けて分析をしても一貫性の差として出て来なかったということが考えられる。しかしこの点について踏み込んだ結論を導くには、さらなる検討が必要だろう。

第三に打順の影響が考えられる。同じ打撃成績でもイニング内で集中して発生するのと分散するのとでは実際の得点数が異なるから打順は得点と得点推定値の差異に影響し得る。ただし打順の変更が持つ影響自体が微小であることが過去の研究[18]からわかっており、推定値との差異に与える影響も極めて微々たるものであると思われる。なお、強打者を上位に集中させることによって打撃成績自体が向上する効果は推定値に織り込まれるからここでは考える必要はない。

第四にパークファクターあるいは走塁能力の影響がある。球場によって本塁打や安打が出やすいといった影響については推定値に反映されるから観測値と推定値の差異として論じる必要はない。問題は(公式の)打撃成績に表れない安打の間の進塁や失策出塁であり、これらに影響を与えるのが球場の広さやグラウンドの性質あるいは走塁能力である。なお進塁自体は(盗塁と同じように)事象の順序に関する情報ではなく事象そのものの情報だから、たまたま一般的な打撃成績として記録されていないだけでデータさえあれば推定値に組み込むことができる。

第五に、得点(失点)の内容が長打型か出塁型かの問題がある。長打に頼って得点をとる打線ほど試合ごとの得点数のばらつきが少なく安定して得点する傾向があるが、そうであれば得点数が同じでも長打に偏っている方が勝率は高いはずである。

[18]　例えば、Tom M. Tango, Mitchel G. Lichtman, Andrew E. Dolphin, THE BOOK: Playing the Percentages in Baseball, (Potomac Books, 2007) 第 5 章。

Kerry Whisnant はこの性質を利用し、「長打率／被長打率」を変数として取り込んでピタゴラス勝率の精度を改善する計算式を提案している[19]。ただし MLB の研究でも元々影響は小さく、今回 2014 〜 2019 年の NPB について勝利比率と「長打率／被長打率」との相関をとってみたが無相関という結果となった。

　上記のような事柄はいずれも掘り下げるのは楽しいし、野球には BaseRuns やピタゴラス勝率の式で表されない深い要素が色々あるのだと語るのは評論としてはもっともらしい。しかしもっともらしい評論こそ、定量的な影響を過大評価しないよう注意する必要がある。

[19]　https://www.researchgate.net/publication/266473425_Beyond_Pythagorean_
　　　expectation_How_run_distributions_affect_win_percentage

ボールの話
1試合平均得点のリーグ内推移とリーグ間比較について

神原 謙悟

　2020 年は新型コロナウイルスの影響も大きく、台湾の CPBL（Chinese Professional Baseball League/ 中華職業棒球大聯盟）が世界の野球の開幕戦となりました。CPBL を多く観る中で度肝を抜かれたことは 1 試合の平均得点がシーズン中盤まで 6.5 点辺りを推移していたことです。CPBL は、例年高得点の試合展開になると聞いていたものの、中盤に 7 点差があっても油断ならない——NPB を観ている人からしたら異常ともいえる——例年以上の点取りゲームが繰り広げられておりました。

　CPBL もシーズン後半に球の反発係数を抑えることで、試合としての均衡を図りに行くこととなりました。結果、シーズン終了時には 1 試合平均得点が 5.47 という値となり、前半戦と後半戦で成績の意味合いは大きく変わることになりました。野球のデータは、グラウンドで「ボールがどこで、どのように、どうなったか」が、ほとんどの勝敗に影響を与える重要な要素として結びつき、またデータとして蓄積されていくものであります。その上でボール自体の反発係数が変更されるということは、選手を評価するという上でもとても大きな意味を持ちます。今回はそんなボールの影響についてまとめてみたいと思います。

1．見極め困難なリーグ間のレベル差

　CPBL と言えば、王柏融選手が日本ハムへ移籍し、2019 年シーズンより日本でプレーしていますが、まだまだ納得いく成績を上げられずにいる状況です。CPBL と NPB のレベルの差と片付けてしまうのは簡単ですが、王柏融選手が活躍した期間の CPBL は、過去と比較するとどんな状況だったのかを改めて把握していきます。

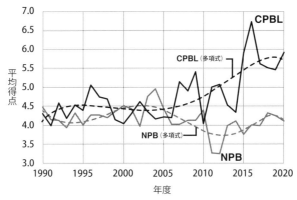

■ 図1　CPBL と NPB の一試合平均得点の推移

　図1が示しているのは、CPBL は 2005 年頃まで平均得点が NPB と変わらず推移していたのが、近年上昇の一途であることです。

　そして王柏融選手がルーキーとして CPBL に登場した 2015 年から打高投低が起き、なかでも 2016 年は1試合平均得点は 6.7 点という、過去 30 年の米日韓台の全リーグでも前例のない打高投低のシーズンであったことがわかります。

　王柏融選手は 2016 年（1試合平均得点 6.73）に打率 .414 ／本塁打 29 本／ OPS1.165 という成績で、CPBL 最終年の 2018 年（1試合平均得点 5.51）は打率 .351 ／本塁打 17 本／ OPS.993 という成績でした。（図2）

■ 図2　王柏融選手 OPS とリーグの1試合平均得点

米日韓台(米は MLB と AAA 2リーグの計 3 リーグ)の 1 試合平均得点と OPS の
関係性は決定係数で 0.8 を超えてきますので(図 3)、当然得点と OPS の関係性自
体に大きな差はありません。かつ、同一リーグ内で王柏融選手の 2016 年の成績
から 2018 年の 1 試合平均得点の変動から 2018 年の OPS の着地を予測すると
1.060。実際の OPS は .993 であったことから、リーグ内では許容範囲の着地に収まっ
ていたことになります。

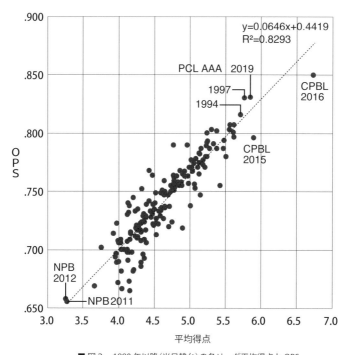

■ 図 3　1990 年以降〈米日韓台〉の各リーグ平均得点と OPS

実は近年まで悪名高き（？）打高投低と見られていた
のが米国 AAA の PCL。2015 年以降、CPBL の打高投低
が大きく進む。30 年間の 4 ヵ国で最も投高打低となっ
たのが 2011 年、2012 年の NPB である。

　しかし当然ではありますが、異なるリーグ間(NPBとCPBLのように)の中で杓子定規に同じ方式を取ってみると、2019のNPBでの成績は.958と予測できますが、実際の着地である.647とは大きくかけ離れてしまうことになります[1]。

　王柏融選手はNPB二軍において2019年(1年目)は25打席／OPS1.047ではありましたが、過去10年間で二軍で50打席以上OPS1.000以上[2]という成績であっても、一軍でOPS.750（150打席以上）を超える選手は約40%であり、さらにこのOPS1.000以上の選手群でも一軍平均はOPS.650など、一軍と二軍の壁は相当に厚いものであることがわかります。

　王柏融選手の二軍の打席数が少ないことを差し置き、仮に打席を上積みしても二軍で安定的に高いOPSを残すものと仮定[3]すると、NPBの二軍とCPBLの水準は近いものがあり、CPBLでの成績やNPB二軍の成績を考慮したとしても、王柏融選手の例を見る限りは一軍で通用するか否かという観点では未知数です。

　一方でこの過程の範囲でソートをかけ、王柏融選手に近い過去の選手を見てみると球界の中心に来る選手、今後期待される選手の名前も多く見受けられることから、活躍できるか否かの分かれ目にいる、というのが正しいのかもしれません。

[1]　ケガやパフォーマンス異常など、外部の人間に不確かな部分は考慮していない。
[2]　ここではOPSの信頼性を担保する打席数ではなく、もしOPS1.000の選手が二軍にいた場合、一般的に50打席から100打席で一軍に上げてしまうだろうという現実的運用を想定した。
[3]　二軍の稼働数が足りないため。

2．各リーグの1試合平均得点の安定性

　仮に成績データという側面に限っても AAA のインターナショナルリーグ（INT）はこ
う、KBO はこう、などとリーグ間のレベル差について把握できていたとしても、それ
をすぐに NPB の一軍に当てはめて、「もし移籍してきた場合、このくらい活躍できる」
といった判断するのは難しいのでないかと思います。そして同時に、各年度のリー
グ成績の安定性も見極めなければ、他リーグから選手を獲得するときに足元をすく
われてしまうこともあるかもしれません。

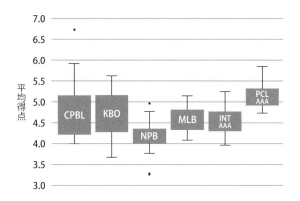

■図4　リーグ別の過去30年間の1試合平均得点の安定性

　図4が示すのは、各リーグの過去30年間分の1試合平均得点の安定性になりま
す。CPBL と KBO は年毎のばらつきが大きく、NPB は過去30年間の中で最もばら
つきが小さく、かつ1試合平均得点が低いリーグであることがわかります。
　平均得点のばらつきは、ボールの反発係数のばらつきに起因するものと見られま
すが、この場合経時的に選手の成績だけを追っていても、同じワンプレーのリーグ
内価値は年々変動します。このことは、選手の成績の良し悪しの判断、またスカウティ
ング上の成績の解釈という点で注視する必要があります。
　ここまでをまとめますと、①リーグ間の差異を見極める難しさ、②リーグ内の1試
合平均得点の安定性、以上を見極めていく作業でどのような付加価値を提供してい
くかが、定量的な分析課題として、まだやりがいのある部分ではないかと推察でき
ます。

3．単打と失策

　ここからは1試合平均得点の増減によってゲーム構造が変わる例として、過去に
トラッキングデータなどを用いた分析経験も踏まえ、仮定の話をしていきます。

　まず、1試合平均得点が高い→反発係数が大きい→打球速が速い、ときたら何
が起こるのかという考察です。その上で私は打球速が速ければ、内野の間を抜く単
打が増え、同時に失策が増えるのではないかと考察しました。

■ 表1　平均得点、出塁に関わるイベントの発生頻度をリーグ間で順位付けする（過去10年）

項目	CPBL	KBO	NPB	MLB	INTAAA	PCLAAA
平均得点	1位	3位	6位	4位	5位	2位
失策%	1位	4位	6位	5位	3位	2位
単打%	1位	2位	4位	6位	5位	3位
失策%+単打%	1位	3位	5位	5.5位	4位	2.5位

　ほぼそれを指示する結果（表1）が出てきており、平均得点が10年間で5.2と最
も高いCPBLの打席に対する失策と単打の割合はともに1位、2位のAAAパシフィッ
クコーストリーグ（PCL）も想定通り上位となっています。特にMLBとAAAの計3リー
グは同じボールを使用しているのにもかかわらず、平均得点の高いAAAパシフィッ
クコーストリーグが失策も単打も高順位となり[4]、AAAインターナショナルリーグは
やや下位に位置するという結果になったことです。

　最も得点の入らないNPBは失策が少ないのですが、この要因は必ずしも技術だ
けの問題ではなく、打球の速さの問題も一因していると見てもよいかもしれません。
そしてMLBがさすがなのは、平均得点が4位であるにもかかわらず、失策が少なく、
単打の割合も最低値であることです。これはほかのリーグ以上に堅実な守備技術や
守備範囲の広さなど、世界最高峰のメジャーリーグである所以ともとれるかもしれま
せん。

[4]　気候や地形の問題ともいわれている。

4．反発係数

最後に分析ではないのですが、1 試合平均得点に影響を与える反発係数について、少しだけ調べたことを述べていきます。今回の記事を書いていく上で、反発係数について調べてみたところ、どうやら国によって反発係数の計測方法が異なるということがわかります。

CPBL は MLB の計測方法[5]を用いていますが、NPB はそれとは異なる測定方法を行っています。CPBL は MLB は、ホワイトアッシュの壁に向かって時速 60 マイルのボールを発射し、跳ね返ったボールの速度を測定しているそうです。NPB は時速 108 キロ〜 254 キロの速度で鉄板に向けて発射し、得られたデータから 270 キロの値を推定しています[6]。

■ 表 2　使用球の反発係数

リーグ	反発係数
CPBL	0.550 to 0.570
MLB	0.514 to 0.578
NPB	0.403 to 0.423
KBO	0.403 to 0.423

引用：CPBL Reveals COR Value of 2020 Season Ball, It Is Juiced!（2020/5/18）
http://cpblstats.com/cpbl-reveals-cor-value-2020-season-juiced-ball/

表 2 からも明らかなように、値が大きく異なるのは測定方法に起因するためであり、本質的には「基準がない」ともいえることになります。さらに掘り下げていくと、MLB で採用されている測定方法も確実ではなく、今なお米国内でより確度の高い方法が研究されている状況であるというのが実態でした。

何を申し上げたいかというと、確かに CPBL の年度ごとの反発係数変更や CPBL と NPB の競技の質や違いなどはあれど、厳然たる野球の基準というものなど、ありそうでなく不確かなものであるということです。

[5]　Hard Ball Times: The Physics of COR and Other Measures of Bounciness（David Kagan 2020/2/5）https://tht.fangraphs.com/the-physics-of-cor-and-other-measures-of-bounciness/
[6]　日本経済新聞電子版
　　飛びやすい統一球、検査法を公開　日本野球機構（2014/4/16）
　　https://www.nikkei.com/article/DGXNASFK16022_W4A410C1000000

この 20 年ほどの間にセイバーメトリクスからトラッキング技術の発達により定量的な評価が多角的に行われてきました。これらが野球の構造を表すものとして市民権を得たのは間違いないと感じます。一方で、今回取り上げた野球のボール自体の差異や不安定性は野球の予測を不確かなものへと導いていきます。そうした要素は、机で数字を追いかけながらも、活きた野球と接する機会を与えてくれる大切な要素ではないかと気付かせてくれます。

参考

Baseball Reference（2020/1/18 参照）
https://www.baseball-reference.com/

プロ野球データ Freak（2020/1/18 参照）
https://baseball-data.com/

変化量と Run Value が示す本当に有効なボールとは？

八代 久通

　投球は野球というスポーツの大きな醍醐味である。投手の手からリリースされたボールには、球速、変化の方向、変化の大きさ、投球コースなど、多種多様の要素が詰め込まれており、投手というポジションに特別な個性を与えている。特に、打者を圧倒するボールはときに「魔球」などという表現もなされ、対戦する打者からは畏怖、ファンからは称賛の対象となっている。

　野球を題材とした創作物においても、魔球あるいはそれに準ずる強力なボールがクローズアップされることは少なくない。野球を語る上で外せない投球だが、ボールの性質が具体的にどのような効果を発揮するのか、公に語られる機会はそれほど多くない。球速についてはスピードガンの導入などの寄与もあり、長い期間を経て速い方が打ちにくい傾向を確認されている。一方、ボールの変化については計測データが存在するものの、MLB で一般公開されてから比較的日が浅く研究の余地が大いに残されている。そこで、ここではボールの変化が投球結果に与える影響について分析を行う。今回の分析は、2018 年から 2020 年の MLB で取得された Statcast のデータを使用する。検証データは Baseball Savant から取得し、元データの権利は MLB Advanced Media に帰属する[1]。

1．ボールの変化方向、変化量と Run Value

　投球の目的は失点を防ぎ、アウトを増やすことである。したがって投手が目指すべきボールは失点を防ぐボールである。失点を防げるか否かの基準として、今回は Run Value を採用する。投球の状況をボールカウント、ストライクカウント、アウトカウント、走者別に分類した 288 パターンの状況から、イニング終了（3 アウト）までの平均失点（得点）を得点期待値と呼ぶ。投球の前後で変化した得点期待値の差が得点価値（Run Value）であり、一般にストライクカウントやアウトカウントが増えれ

---

[1]　今回使用した MLB のデータはすべて MLB Advanced Media が運営する Baseball Savant から取得している。（最終閲覧日 2020 年 12 月 30 日）

ばマイナス値（得点期待値が減少）、ボールカウントや走者が増えればプラス値（得点期待値が増加）となる。この Run Value は結果球（打席結果を最終的に導いた球）だけでなく、結果球に至るプロセスも評価する。具体的な評価方法は以下の通り。

① 球種別に球速を 5km/h 単位で分割し、各球速帯の平均変化量を算出する

② 各球速帯の平均変化量と比較して、上下の変化量（落下量が少ない／多い）、左右の変化量（投手のグラブ側に変化する／投手のリリース腕側に変化する）によって投球を分類する

③ 各変化グループの Run Value を算出、比較する

この手続きを踏むことで、RunValue が低い＝失点を防いだボールの球速・変化方向、変化量を確認する。今回設定した変化グループは以下の通りである（表 1 ）。

■ 表 1 ボールの変化グループ

変化グループ	横変化	縦変化
NORMAL	同球速帯比で左右の変化が 7.5cm 以内	同球速帯比で上下の変化が 7.5cm 以内
ARM/RISE	ARM：同球速帯比で投手の腕側への変化（シュート変化）が 7.5cm 以上大きい	RISE：同球速帯比で落差が 7.5cm 以上小さい（沈まない）
ARM/DROP	ARM：同球速帯比で投手の腕側への変化（シュート変化）が 7.5cm 以上大きい	DROP：同球速帯比で落差が 7.5cm 以上大きい（沈む）
GLOVE/RISE	GLOVE：同球速帯比で投手のグラブ側への変化（スライダー変化）が 7.5cm 以上大きい	RISE：同球速帯比で落差が 7.5cm 以上小さい（沈まない）
GLOVE/DROP	GLOVE：同球速帯比で投手のグラブ側への変化（スライダー変化）が 7.5cm 以上大きい	DROP：同球速帯比で落差が 7.5cm 以上大きい（沈む）

なお、変化量や球速が似た球種を統一して分類している。ツーシームとシンカーをツーシームに、チェンジアップとスプリットをチェンジアップに、カーブとナックルカーブをカーブに統一した。以下、各球種について球速、変化タイプ別の Run Value を比較する。

・速球

速球は変化タイプにかかわらず、球速が速いほど Run Value が低下している。変化タイプ別に見ると、ストレートであれば RISE ＝縦変化が大きい（落差が小さい）ほど、ツーシームであれば ARM ＝腕側（シュート方向）への変化が大きいほど Run

Value が低く、失点を防ぐ上で効果的といえる（図１〜２、表２）。

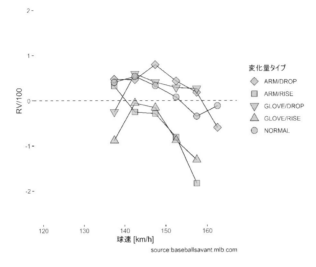

source:baseballsavant.mlb.com

■ 図1　変化量タイプ別 Run Value/100（球種 FF：ストレート）in 2018-2020 MLB

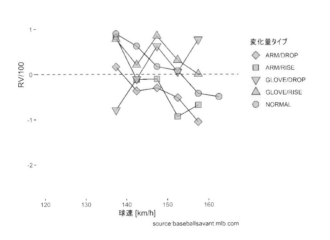

source:baseballsavant.mlb.com

■ 図2　変化量タイプ別 Run Value/100（球種 SI：ツーシーム）in 2018-2020 MLB

■ 表2　速球の球速・変化タイプ別 Run Value（2018-2020 MLB）

球種	球速	ARM/DROP	ARM/RISE	GLOVE/DROP	GLOVE/RISE	NORMAL
ストレート	135-140km/h	0.5	0.3	-0.2	-0.9	0.4
	140-145km/h	0.5	-0.3	0.6	-0.1	0.5
	145-150km/h	0.8	-0.3	0.4	-0.2	0.3
	150-155km/h	0.4	-0.8	0.3	-0.9	0.1
	155-160km/h	0.2	-1.8	0.3	-1.3	-0.3
ツーシーム	135-140km/h	0.2	0.8	-0.8	0.8	0.9
	140-145km/h	-0.4	-0.1	-0.1	0.2	0.6
	145-150km/h	-0.3	-0.1	0.6	0.9	0.2
	150-155km/h	-0.5	-0.9	0.1	0.3	0.1
	155-160km/h	-1.0	-0.7	0.8	0.0	-0.4

・スライダー

　変化球の Run Value は球速と変化量と組み合わせが重要である。最も投球割合の高いスライダーでは、GLOVE ＝グラブ側（スライダー方向）への変化が大きい場合、球速に依らず低い Run Value を記録している。球速が遅いスライダーでは RISE ＝縦変化が大きい（落差が小さい）場合、速いスライダーでは DROP ＝縦変化が小さい（落差が大きい）場合に低い Run Value を記録した（図3、表3）。

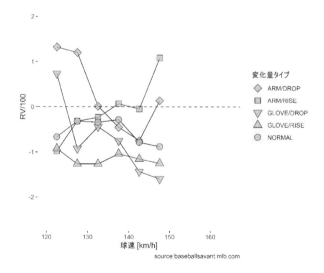

source:baseballsavant.mlb.com

■ 図3　変化量タイプ別 Run Value/100（球種 SL：スライダー）in 2018-2020 MLB

変化量と Run Value が示す本当に有効なボールとは？

■ 表3　スライダーの球速・変化タイプ別 Run Value（2018-2020 MLB）

球種	球速	ARM/DROP	ARM/RISE	GLOVE/DROP	GLOVE/RISE	NORMAL
スライダー	120-125km/h	1.3	-1.0	0.7	-0.9	-0.7
	125-130km/h	1.2	-0.3	-0.9	-1.3	-0.3
	130-135km/h	0.0	-0.2	-0.4	-1.3	-0.3
	135-140km/h	-0.5	0.1	-0.8	-1.0	-0.3
	140-145km/h	-0.7	0.0	-1.4	-1.2	-0.8

・カットボール

　カットボールもスライダー同様、GLOVE ＝グラブ側（スライダー方向）への変化が大きいカットボールは比較的 Run Value を低く抑えている。しかし、他の球種より投球割合が低くサンプルが少ないためか、球速や変化量に対応する Run Value は不規則であり、明確な傾向は見られなかった（図4、表4）。

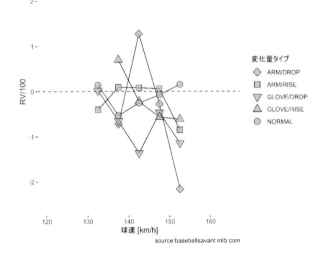

source:baseballsavant.mlb.com

■ 図4　変化量タイプ別 Run Value/100 （球種 FC：カットボール） in 2018-2020 MLB

■ 表4　カットボールの球速・変化タイプ別 Run Value（2018-2020 MLB）

球種	球速	ARM/DROP	ARM/RISE	GLOVE/DROP	GLOVE/RISE	NORMAL
カットボール	130-135km/h	1.4	-0.4	0.0	-1.3	0.1
	135-140km/h	-0.7	0.1	-0.6	0.7	-0.5
	140-145km/h	1.3	0.1	-1.4	-0.2	-0.3
	145-150km/h	-0.3	0.1	-0.5	-0.6	-0.1
	150-155km/h	-2.2	-0.9	-1.1	-0.6	0.2

・チェンジアップ

　チェンジアップの場合、ARM/DROP ＝シュート変化と落差が大きいチェンジアッ
プが低い Run Value を記録している。スライダーと同様、落差が大きいチェンジアッ
プは球速が速いほど Run Value が低下し、落差が小さいチェンジアップは球速が遅
いほど Run Valueが低下している。大きく曲がり落ちるチェンジアップ、速く落ちるチェ
ンジアップ、遅く落ちないチェンジアップが失点を防ぎやすいようだ（図 5 、表 5 ）。

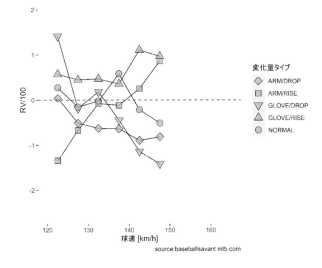

source:baseballsavant.mlb.com

■ 図5　変化量タイプ別 Run Value/100（球種 CH：チェンジアップ）in 2018-2020 MLB

■ 表5　チェンジアップの球速・変化タイプ別 Run Value（2018-2020 MLB）

球種	球速	ARM/DROP	ARM/RISE	GLOVE/DROP	GLOVE/RISE	NORMAL
チェンジアップ	120-125km/h	0.0	-1.3	1.4	0.6	0.3
	125-130km/h	-0.5	-0.7	-0.2	0.5	-0.2
	130-135km/h	-0.6	-0.1	0.2	0.5	0.0
	135-140km/h	-0.6	-0.1	-0.4	0.4	0.6
	140-145km/h	-0.9	0.3	-1.1	1.1	-0.2

・カーブ

　カーブは他の変化球と異なり、変化量よりも球速がRun Valueと連動しやすい。カーブはトップスピンが掛かるため、他の球種と比較して落差が非常に大きい。落差の大きいスライダーやチェンジアップの Run Value が球速と連動していたことから類推すると、落差のある球種は球速が重要と言えそうだ。ただし、同じ球速帯であれば、GLOVE ＝グラブ側（スライダー方向）への変化が大きいカーブがより低い Run Value を記録している。MLB ではカーブの球速が年々上昇しているが、こういった背景を踏まえているのかもしれない（図6、表6）。

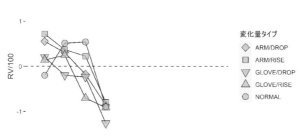

■ 図6　変化量タイプ別 Run Value/100（球種 CU：カーブ）in 2018-2020 MLB

■ 表6　カーブの球速・変化タイプ別 Run Value（2018-2020 MLB）

球種	球速	ARM/DROP	ARM/RISE	GLOVE/DROP	GLOVE/RISE	NORMAL
カーブ	120-125km/h	0.5	0.7	0.2	0.1	-0.2
	125-130km/h	0.3	0.4	-0.2	0.2	0.5
	130-135km/h	-0.2	0.2	-0.2	-0.7	0.5
	135-140km/h	-0.9	-0.8	-1.3	-0.9	-0.9

　基本的に、どの球種も球速が同じであれば変化量が大きいほど打たれにくい傾向があるようだ。この傾向は選手単位に見た場合もある程度当てはまる。

　表7は、2018 年から 2020 年の MLB で、500 球以上投球された各選手の変化

グループ別球種 Run Value である。横変化量はプラスがグラブ側（スライダー方向）
への変化、マイナスが腕側（シュート方向）への変化を表している。

■ 表7　投手・球種・変化タイプ別 Run Value（2018-2020 MLB 500球以上）

選手	球種	球速 [km/h]	変化 グループ	横変化量 [cm]	縦変化量 [cm]	投球数	Run Value /100
Zack Greinke	CH	139.7	NORMAL	-33.7	12.8	809	-3.4
Max Scherzer	SL	137.6	NORMAL	9.6	4.2	899	-3.3
Adam Ottavino	SL	131.4	GLOVE/RISE	45.1	7.5	746	-3.2
Mike Clevinger	SL	129.1	GLOVE/RISE	41.6	8.0	642	-3.2
Liam Hendriks	FF	155.2	GLOVE/RISE	-12.8	49.2	634	-3.0
A.J. Minter	FC	145.5	GLOVE/DROP	12.3	13.3	514	-2.9
Yusmeiro Petit	FC	137.1	ARM/RISE	-2.7	40.1	557	-2.9
Kevin Gausman	CH	134.1	ARM/DROP	-39.4	5.2	727	-2.9
Jon Gray	SL	141.6	NORMAL	7.8	11.0	874	-2.8
Zack Britton	SI	152.7	NORMAL	-34.9	21.2	597	-2.7
Charlie Morton	CU	127.5	GLOVE/DROP	45.9	-29.8	1166	-2.7
Masahiro Tanaka	SL	134.5	NORMAL	14.7	3.2	885	-2.6
Tanner Scott	SL	142.8	GLOVE/DROP	12.8	-0.9	558	-2.6
Nick Anderson	CU	134.0	ARM/RISE	3.7	-3.8	523	-2.6
Luis Castillo	CH	140.0	ARM/DROP	-43.4	4.9	1604	-2.6
Yu Darvish	FC	139.3	GLOVE/DROP	15.3	-2.3	1249	-2.6
Sandy Alcantara	SI	154.0	NORMAL	-41.3	23.3	512	-2.6
Corey Kluber	CU	134.6	GLOVE/RISE	40.1	3.7	830	-2.5
Aaron Nola	CU	126.7	GLOVE/DROP	40.0	-28.9	1448	-2.5
Lucas Giolito	FF	151.3	GLOVE/RISE	-12.9	49.1	655	-2.5

　上位 20 球種のうち 8 種が GLOVE ＝グラブ側の変化が大きいスライダー、カーブ、
カットボールが占めている。変化の大きいブレーキングボールの威力を類推できる
が、一方で NORMAL、つまり標準的な変化のボールも多くランクインしている。サ
ンプルが小さいため参考程度だが、ボールの変化以外の要因がボールの失点抑止
に影響を与えている様子が示唆されている。

2．ボールの変化が与える影響

　リーグの傾向として、変化量が大きい球種は Run Value が低い傾向を確認した
が、Run Value を低下させる要因について検証する。まずは投球結果をプロセスご
とに分解して考える。ここでは投球をスイング、コンタクト、打球のプロセスに分類し、
各プロセスと Run Value の関連を確認する。準備として、2018-2020 年の MLB で
投球されたボールを球種・球速・変化グループで分類し、5000 球以上投球された
96 種の投球グループの投球プロセスと Run Value の相関係数を算出した（表8）。

■ 表8　投球結果のプロセスと Run Value の相関

プロセス	項目	計算式	Run Value/100 との相関係数
スイング	Swing%	スイング数 / 投球数	-0.43
	Z-Swing%	ストライクゾーン内スイング数／ストライクゾーン内投球数	-0.25
	O-Swing%	ストライクゾーン外スイング数／ストライクゾーン外投球数	-0.53
コンタクト	Whiff%	空振り数 / スイング数	-0.49
	Z-Whiff%	ストライクゾーン内空振り数／ストライクゾーン内スイング数	-0.52
	O-Whiff%	ストライクゾーン外空振り数／ストライクゾーン外スイング数	-0.38
打球	打球速度	平均打球速度	0.38
	打球角度	平均打球角度	-0.07
	Barrel%	Barrel 打球数 / 打球数	0.26

　スイングプロセスでは O-Swing%（ボールゾーンスイング率）、コンタクトプロセスでは Z-Whiff%（ストライクゾーン空振り率）が、Run Value との相関係数が 0.50 を上回った。ボール球をスイングさせればボールカウントが増えにくく、ストライクゾーンで空振りを奪えれば安全にストライクを獲得できるため、自然な結果である。また、打球プロセスは Run Value との相関が比較的低く、打球速度が 0.38 とやや弱い相関を見せる程度に留まった。

　基本的にストライクカウントの増加は投手を優位にするが、ストライクカウントによってストライクの影響は異なる。2ストライク時のストライクは三振となり、ほぼ100% アウトを奪える最高の投球結果である。一方、0－1ストライク時はストライクを獲得しても三振が発生しないが、ストライクカウントの増加に伴い得点期待値は投手優位に推移する。つまり、決め球とカウント球の違いである。ここでは0－1ストライク時にストライクカウントを増やした割合を CountUp%、2ストライク時にストライクカウントを増やした割合（三振を奪った割合）を PutAway% として、Run Value との相関を確認する（図7～8、表9）。

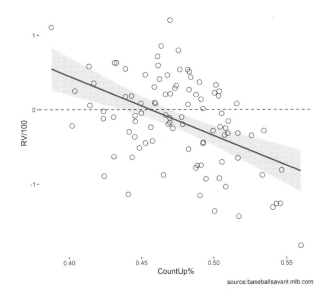

source:baseballsavant.mlb.com

■ 図7　CountUP% と Run Value/100 in 2018-2020 MLB

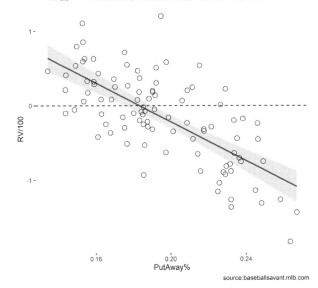

source:baseballsavant.mlb.com

■ 図8　PutAway UP% と Run Value/100 in 2018-2020 MLB

変化量と Run Value が示す本当に有効なボールとは？

139

■ 表9　　　ストライク増加状況と Run Value の相関

項目	内容	Run Value/100 との相関係数
CountUp%	0-1 ストライク時のストライク増加割合	-0.47
PutAway%	2 ストライク時のストライク増加割合	-0.71

　Run Value は CountUp% よりも PutAway% と連動している。失点を防ぐために
は、三振を奪う決め球としての威力が重要といえそうだ。この傾向を前提に、Run
Value が低い球種、球速、変化グループ別の組み合わせを確認する。表 10 は Run
Value が低く投手有利な球種、表 11 は Run Value が高く投手不利な球種の上位
である。横変化量はプラスがグラブ側（スライダー方向）への変化、マイナスが腕側
（シュート方向）への変化を表している。前述の傾向通り、Run Value が低い投球は
Put Away% の高さが際立っている。

■ 表10　　Run Value が低く投手有利な球種（5000 球以上 /2018-2020 MLB）

球種	球速 [km/h]	変化タイプ 左右 / 上下	横変化量 [cm]	縦変化量 [cm]	投球数	Run Value /100	Z- Swing %	O- Swing %	Z- Whiff %	O- Whiff %	打球速度 [km/h]	Put Away %
ストレート (FF)	155-160	ARM/ RISE	-29.3	45.7	8365	-1.8	72.9	28.4	30.2	40.4	144.9	26.4
スライダー (SL)	140-145	GLOVE/ DROP	17.5	-2.2	11500	-1.4	69.9	38.4	21.9	68.1	139.7	26.7
カットボール (FC)	140-145	GLOVE/ DROP	12.9	9.7	8419	-1.4	74.1	36.8	20.0	52.8	138.0	23.2
ストレート (FF)	155-160	GLOVE/ RISE	-9.1	46.4	11926	-1.3	70.5	27.8	29.0	40.1	142.1	24.8
スライダー (SL)	125-130	GLOVE/ RISE	37.9	10.3	6148	-1.3	55.5	30.2	22.1	52.6	135.3	23.2
スライダー (SL)	130-135	GLOVE/ RISE	32.2	10.0	10599	-1.3	61.9	33.6	25.7	59.8	135.6	25.8
スライダー (SL)	140-145	GLOVE/ RISE	14.7	19.6	6638	-1.2	72.2	33.4	21.8	54.7	136.4	22.5
チェンジアップ (CH)	140-145	GLOVE/ DROP	-24.6	4.0	6656	-1.1	80.8	38.3	20.9	56.8	141.3	24.5
スライダー (SL)	135-140	GLOVE/ RISE	19.8	14.6	11549	-1.0	68.4	34.1	24.5	54.4	136.6	22.6
ツーシーム (SI)	150-155	ARM/RISE	43.4	34.1	8010	-0.9	64.5	28.3	15.4	28.7	141.6	18.6
全体の 中央値	-	-	-	-	-	-0.1	67.0	28.4	18.6	41.8	141.4	18.8

　150km/h 後半で RISE ＝縦変化が大きい（落差の小さい）ストレートは、ボールゾー
ンスイング率こそ平均的だが、ストライクゾーンで圧倒的な空振り率を記録している。
ストライクゾーン内で安全にストライクを奪える球種で、優れた変化球と同等以上の
決め球として機能するようだ。
　また、上位にはスライダーが多くランクインしている。全て GLOVE ＝グラブ側（ス

ライダー方向)への変化が大きく、横変化が大きいスライダーだ。ストライクゾーンを安全に通過し、ボールゾーンでのスイング率の高さを両立させている。また、このような横変化の大きいスライダーは、打球速度が突出して低い傾向が見られる。特に GLOVE/RISE のスライダーが強力で、横滑りするスライダーは球速に影響されず打者を圧倒しているようだ。

　曲がり落ちるカットボールや、速く落ちるチェンジアップは、ストライクゾーン内の空振り率は突出していないものの、ボールゾーンスイング率やボールゾーンでの空振り率が非常に高い。PutAway% は高い水準で、特に決め球として有効な球種といえるだろう。

　また、ツーシームは特筆する数字が見られないが、優れた Run Value を記録した。

　上位は落差の小さいストレート、大きく曲がるツーシームやスライダー、落差の大きいチェンジアップなど、大きい変化の球種が多くランクインしている。

■ 表11　Run Value が高く投手不利な球種（5000 球以上 /2018-2020 MLB）

球種	球速 [km/h]	変化タイプ 左右 / 上下	横変化量 [cm]	縦変化量 [cm]	投球数	Run Value /100	Z-Swing %	O-Swing %	Z-Whiff %	O-Whiff %	打球速度 [km/h]	Put Away %
スライダー (SL)	125-130	ARM DROP	11.8	-10.4	6778	1.2	61.5	29.3	16.2	57.5	141.4	19.5
チェンジアップ(CH)	140-145	GLOVE RISE	-26.2	29.0	7582	1.1	74.4	26.1	20.4	35.7	140.5	15.3
ツーシーム (SI)	145-150	GLOVE RISE	-30.2	35.7	25641	0.9	62.9	21.6	11.8	22.0	145.0	15.3
ストレート (FF)	145-150	ARM/ DROP	-30.7	32.5	36866	0.8	64.7	21.0	12.9	24.9	147.1	15.0
カーブ (CU)	120-125	ARM/ RISE	11.7	-12.1	7322	0.7	51.7	21.3	14.8	45.7	140.3	17.5
ツーシーム (SI)	140-145	NORMAL	-37.2	21.4	15875	0.6	61.0	23.8	9.0	20.5	144.8	15.4
ツーシーム (SI)	145-150	GLOVE/ DROP	-29.3	12.4	14006	0.6	66.6	24.8	9.7	27.2	146.1	15.9
ストレート (FF)	140-145	GLOVE/ DROP	-3.6	29.8	8139	0.6	63.7	22.2	13.1	30.1	143.9	15.3
チェンジアップ(CH)	135-140	NORMAL	-34.6	16.5	22148	0.6	78.4	35.7	22.6	42.8	139.0	19.8
カーブ (CU)	120-125	ARM/ DROP	17.2	-38.9	8702	0.5	52.7	21.9	14.5	45.2	140.3	17.7
全体の中央値	-	-	-	-	-	-0.1	67.0	28.4	18.6	41.8	141.4	18.8

　投手不利な球種には、遅い速球が多くランクインしている。特に GLOVE =グラブ側の変化 = シュート変化の小さいツーシームや、DROP= 縦変化が小さいストレートは打者に対応されている。このタイプの速球はボールゾーンでのスイングを期待で

きず、ストライクゾーン内でも空振りを奪えない。さらに打球速度も高いため、ボールの力ではなく投球コースで勝負する必要があり、活用できる投手が限られる速球である。

　変化球ではカーブとチェンジアップが2種、スライダーが1種ランクインした。カーブやスライダーのPutAway%は一定の水準に達しているが、ボールゾーンでスイングされないため、カウントを悪化させやすい傾向がある。球速が遅いカーブはカウント球として使われる場合が多く、ストライクゾーンへ投じられた場合はスイングされにくくストライクを獲得しやすい。しかし、ボールゾーンスイング率が非常に低いため、ストライクゾーンへ投げられなかった場合のリスクが大きいようだ。

　下位は落差の大きいストレート、曲がらないツーシームやスライダー、カーブなど、小さい変化の球種が多くランクインした。

3．スイング傾向の背景

　前述の結果から、変化量の大きい球種はボールゾーンでスイングされやすい可能性が示唆される。変化量が大きいと打者は見極めやすいと言われることもあるが、Statcastから得られた結果はむしろ逆の傾向を示していた。このギャップを調査するため、変化グループ別にスイングされやすいコースを確認する。

　① 左投手の横変化量を反転させ、右投手の変化量に合わせる
　② 左打者の投球コースを反転させ、インコースの座標がマイナスになるよう変換する
　③ 投球と打席の左右が一致するパターンと、一致しないパターンで場合分けする
　④ 投球コースを上下左右5.0cm単位で分割し、各コースのスイング割合を算出する

　今回は代表例として、投球割合の高いスライダーについてスイングされやすいコースを確認した（図8 ～ 16）。

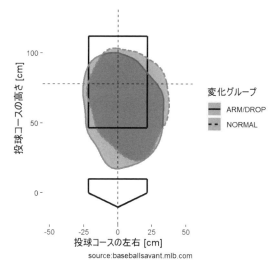

source:baseballsavant.mlb.com

■ 図8　変化タイプ【ARM/DROP】
　　　　50% 以上スイングコース
　　　　（球種 SL：スライダー／投打左右一致 / 右投手 - 右打者ベース）
　　　　in 2018-2020 MLB

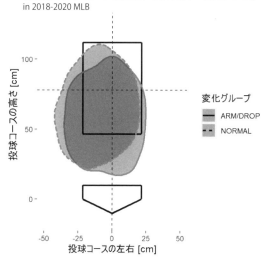

source:baseballsavant.mlb.com

■ 図9　変化タイプ【ARM/DROP】
　　　　50% 以上スイングコース
　　　　（球種 SL：スライダー／投打左右不一致 / 左投手 - 右打者ベース）
　　　　in 2018-2020 MLB

143

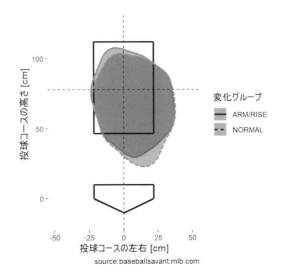

source:baseballsavant.mlb.com

■ 図 10 変化タイプ【ARM/RISE】
50% 以上スイングコース
（球種 SL：スライダー／投打左右一致 / 右投手 - 右打者ベース）
in 2018-2020 MLB

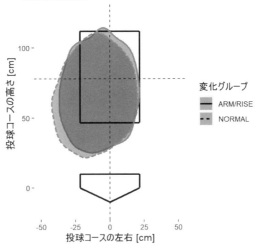

source:baseballsavant.mlb.com

■ 図 11 変化タイプ【ARM/RISE】
50% 以上スイングコース
（球種 SL：スライダー／投打左右不一致 / 左投手 - 右打者ベース`
in 2018-2020 MLB

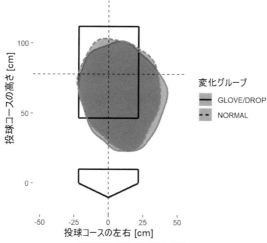

source:baseballsavant.mlb.com

■ 図 12 変化タイプ【GLOVE/ DROP】
50% 以上スイングコース
（球種 SL：スライダー／投打左右一致 / 右投手 - 右打者ベース）
in 2018-2020 MLB

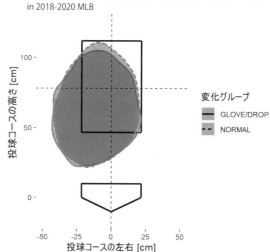

source:baseballsavant.mlb.com

■ 図 13 変化タイプ【GLOVE/ DROP】
50% 以上スイングコース
（球種 SL：スライダー／投打左右不一致 / 左投手 - 右打者ベース）
in 2018-2020 MLB

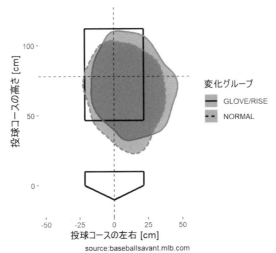

source:baseballsavant.mlb.com

■図14 変化タイプ【GLOVE/RISE】
50% 以上スイングコース
（球種 SL：スライダー／投打左右一致 / 右投手 - 右打者ベース
in 2018-2020 MLB

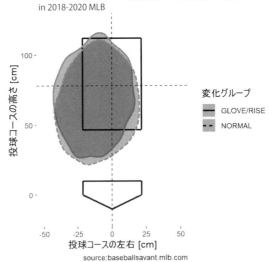

source:baseballsavant.mlb.com

■図15 変化タイプ【GLOVE/RISE】
50% 以上スイングコース
（球種 SL：スライダー／投打左右不一致 / 左投手 - 右打者ベース
in 2018-2020 MLB

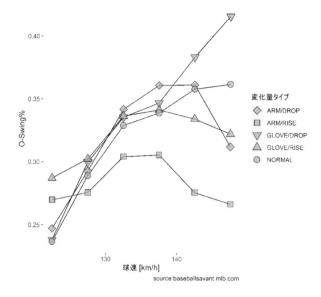

■ 図 16 変化量タイプ別 O-Swing%（球種 SL：スライダー）in 2018-2020 MLB

　DROP ＝縦変化が小さい（落差が大きい）スライダーは低めのボールゾーンでスイングされやすく、GLOVE ＝グラブ側（スライダー方向）への変化が大きいスライダーは左右のボールゾーンでスイングされやすい傾向が現れている。逆に、RISE ＝縦変化が大きい（落差が小さい）スライダーは低めのボールゾーンでスイングされにくく、ARM ＝スライダー方向への変化が小さいスライダーは左右のボールゾーンでスイングされにくいようだ。この結果は、前述した横変化の大きいスライダーがボールゾーンスイング率で不利にならない傾向と一致している。

　最もボールゾーンでスイングされにくい変化グループは ARM/RISE ＝変化と落差が小さいスライダーとなっている。変化量だけ見れば速球に近いスライダーだが、ボールゾーンでのスイングを誘発できず、見極められやすいようだ。変化量とスイングの連動傾向はスライダー以外の球種でも確認できる。例えばストレートであれば縦の変化が大きいほど高いコースでスイングされやすく、高めのつり球を活用しやすい変化となる。

　なお、投打の左右が一致する対戦では、RISEグループのスライダーはDROPグループのスライダーよりボールゾーンに近い位置でスイングされやすい。これは打者が

ボールを正面ではなく斜めから捉えていることに起因する可能性が高い。今後の発展として、打者視点を取り入れた分析が重要な課題となる。

　ここまでボールの変化量について分析を行い、球速に対する変化量が大きい球種は失点を抑える傾向が示された。同時に、変化量によってスイングされやすいコースが異なり、球速や変化量のポテンシャルを発揮するためには、制球力が重要になる可能性が示唆されている。この結果から、変化量を扱う際は少なくとも球速や投球コースまで注意する必要があるということだ。

　ボールの変化量は見た目に判りやすく直感的でありながら、様々な可能性を秘めたデータの金脈である。データに振り回されず適切に扱う前準備として、変化量からわかること、変化量だけではわからないことを把握する姿勢が重要だと考える。

五輪イヤーにドーピング問題を考える

水島 仁

　近年 NPB では薬物問題がクローズアップされている。記憶に新しいところでは広島のザビエル・バティスタのドーピング問題（2019 年）と、ロッテのジェイ・ジャクソンの大麻所持の問題（2020 年）だ。東京オリンピックを約半年後に控え、ドーピング問題への対処は喫緊の課題でもある。

　オリンピックから野球競技が除外されているのは、メジャーリーガーというトッププロ選手の不参加に加えて、ドーピング問題に積極的でないことが度々指摘されている。NPB は日本アンチ・ドーピング機構（JADA）に加盟しておらず、独自の方法でドーピング問題に取り組んでいるものの、世界レベルの統一的な枠組みで取り組んでいないのが現状である。

1． MLB におけるドーピングの状況

　アメリカでは 2005 年から本格的にドーピング問題に対する処罰を行っており、メジャーリーグのロースターに登録されている選手の処分は延べ 71 回、マイナーリーグのロースター登録者の処分は延べ 68 回となっている。再犯者も多く、18 人が 2 回目あるいは 3 回目の違反を行っている。2012 年頃からは使用薬物も公表されるようになってきており、どのような禁止薬物を使っているのかも一目瞭然である。

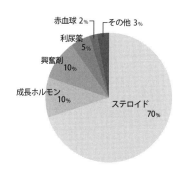

赤血球 2%　その他 3%
利尿薬 5%
興奮剤 10%
成長ホルモン 10%
ステロイド 70%

■ 図1　MLB と MiLB でのドーピング薬剤の内訳

　使用薬物を見ると(図1)、ステロイド系、ヒト成長ホルモン系、そして興奮剤系が「ビッグ3」のようである。そしてこれらの禁止薬物のことをしばしば Performance enhancement drugs（PED ／能力向上薬物)という言い方がされる。

　簡単に説明すると、ステロイドホルモンは体内でタンパク質合成を活性化させ筋肉増大に貢献する。ヒト成長ホルモンは IGF-1 というタンパク質の濃度を高め、筋肉の成長を促すとされている。やはり、打者は筋力・パワーの増大を、そして投手は球速アップを求めているのか、ステロイド系や成長ホルモン系の人気が高い。例えば、長距離走のようなスタミナが要求される競技だと酸素を運搬する役割を担う赤血球系(エリスロポエチン)や呼吸を楽にする気管支拡張作用のある薬にドーピングに手を染めるアスリートが多いのだが、やはり野球は一投一打という瞬発的な運動能力が要求されるためか、このような結果になるのは想像に難くない。

2．ドーピングが打撃にもたらす効果

　では、PED を使用するとどのような効果が見込めるのだろうか。そして前評判通り、実際に選手たちは薬物の恩恵を享受できているのだろうか。筋力・パワーが増すことで高まるとみられる長打率で、ドーピング前とドーピング後の2年以内のフルシーズン(200 打席以上)のスタッツで異なるか検証した(表1)。ただし、複数回違反者のマニー・ラミレス、アレックス・ロドリゲス、マーロン・バード、ロビンソン・カノの4選手は、いつ薬物使用したかが明確でないため、ここからは除外している。

■ 表1　違反選手のドーピング前後の成績（打者）

選手	ドーピング前				ドーピング後			
	年齢	打数	塁打	長打率	年齢	打数	塁打	長打率
Mike Cameron	34	571	246	.431	35	444	212	.477
Jose Guillen	31	593	273	.460	32	598	262	.438
Jay Gibbons	30	270	94	.348	-	-	-	-
Eliezer Alfonzo	27	286	133	.465	-	-	-	-
Freddy Galvis	22	190	69	.363	23	205	79	.385
Melky Cabrera	27	459	237	.516	29	568	260	.458
Yasmani Grandal	23	192	90	.469	25	377	151	.401
Carlos Ruiz	33	372	201	.540	34	310	114	.368
Ryan Braun	28	598	356	.595	30	530	240	.453
Nelson Cruz	32	413	209	.506	33	613	322	.525
Jhonny Peralta	31	409	187	.457	32	560	248	.443
Everth Cabrera	26	381	145	.381	27	357	107	.300
Abraham Almonte	26	232	95	.409	-	-	-	-
Chris Colabello	31	333	173	.520	-	-	-	-
Dee Strange-Gordon	27	615	257	.418	28	325	109	.335
Starling Marte	27	489	223	.456	29	559	257	.460
Jorge Polanco	23	488	200	.410	24	302	129	.427
Welington Castillo	30	341	167	.490	32	230	96	.417
Tim Beckham	29	304	140	.461	-	-	-	-
合計・平均	28	7536	3495	.464	30	5978	2586	.417

　こうして見ると、19選手のうち、5選手がその後、メジャーリーグでフルシーズンで活躍することなく表舞台を去っている。そして多くの選手が数字を大きく落とし、数字を伸ばしたのはわずか5選手だけであった。だが、PEDの恩恵があったと結論づけるのは性急だろう。なぜなら、選手は「1年歳をとるごとに衰えるので、加齢による数字の低下」という反論もありうるからだ。上記の19選手のうち、リーグ変化による影響を除するために、ドーピング後も同じリーグでプレーした12選手と同じシーズンに同じ年齢でプレーした選手と比較した（表2）。

■ 表2　ドーピング選手と同年齢の選手との比較

選手	選手の数	ドーピング前			ドーピング後		
		打数	塁打	長打率	打数	塁打	長打率
ドーピング選手	12	5243	2436	0.465	4850	2078	0.428
それ以外の選手	114	46449	20412	0.457	40311	16887	0.436

　ドーピング前は他の選手と比べると長打率が高く、ドーピング後は他の選手と比べると低く、振れ幅が大きいことがわかる。これだけでPEDの恩恵を受けていたと結論づけるのもまだ性急かもしれないが、PEDに一定の効果はあるのではないだろうか。
　また、Basebllsavant.comのデータを参考に、スイングスピードについて変化があるかも検証した。集計は2015年以降であり非常に限られたデータではあるが、下

五輪イヤーにドーピング問題を考える

記のような結果だった（表 3 ）。

■ 表 3　違反選手のドーピング前後のスイングスピード

選手	ドーピング前	ドーピング後
※ Dee Strange-Gordon	84.4 mph	82.8 mph
※ Starling Marte	87.5 mph	83.2 mph
※ Jorge Polanco	85.0 mph	85.8 mph
Welington Castillo	89.2 mph	90.4 mph

　特にステロイドを使った※印の 3 選手のうち、 2 選手は大きく数字を落としており、やはりスイングスピードのアップ、そしてそれにともなう長打力向上といった恩恵を受けていた可能性があると考えられる。

3．ドーピングが投球にもたらす効果

　投手はどうだろうか（表 4 ）。まず、投手の違反者数そのものが少なく、そして主戦級の投手のドーピング違反者が非常に少ない。そして傾向としては先発投手よりもリリーフ投手の方が違反者が多かった。これはスピードボールを投げることを求められているからだろうか。一方で、主戦級先発投手の違反者は、エディンソン・ボルケス（2010 年）、バートロ・コローン（2012 年）、アービン・サンタナ（2015 年）、フランキー・モンタス（2019 年）、マイケル・ピネダ（2019 年）であり、このうちボルケスとピネダは前年にトミー・ジョン手術を受けているほか、コローンは 2010 年の一度引退からの復帰後のことである。復帰を焦るあまりか、PED の力を借りてしまったのだろうか。違反前年度に 30 イニング以上投げた投手とその翌年のスタッツをみると、速球の平均球や奪三振力、被本塁打率は少し悪化していることがわかるがこれは微々たるものだろう（ボルケスは 2009 年に 49.1 イニングを投げているが、トミー・ジョン手術を受けた年でもあり除いている）。

■ 表 4　違反選手のドーピング前後の成績（投手）

選手	ドーピング前			ドーピング後		
	ストレートの球速	K/9	HR/9	ストレートの球速	K/9	HR/9
J.C. Romero	91.1mph	7.93	0.76	90.2mph	6.87	0.74
Antonio Bastardo	91.7mph	9.91	0.42	91.5mph	11.39	0.56
Ervin Santana	92.3mph	8.22	0.73	92.5mph	6.83	1.00
Frankie Montas	96.6mph	9.70	0.70	95.8mph	10.19	1.70
Bartolo Colon	90.2mph	5.38	1.00	89.9mph	5.53	0.66
合計・平均	92.4mph	7.77	0.78	92.0mph	7.33	0.86

4．NPB におけるドーピング

NPB は果たしてどうだろうか。冒頭にも述べたように、日本プロ野球機構は JADA に加盟しておらず独自のドーピング検査を行なっている。その厳しさは MLB ほどではない印象を受ける。というのも、ひとつは NPB で過去にドーピングによる処分を受けたものはわずか 7 人、うち 6 人が試合出場停止を受けたに過ぎないこと（表 5 ）。もう一つはマイナーリーグのロースターのドーピング違反合計 63 人のうち、実に 12 人が、ドーピング前やドーピング後に NPB でプレーしていることである。

■ 表5　NPB の薬物規定違反者一覧

選手	チーム	年度	薬剤	出場停止処分
リック・ガトームソン	ソフトバンク	2007	フィナステリド	20 日
ルイス・ゴンザレス	巨人	2008	クロベンゾレックス、アンフェタミン、パラヒドロキシアンフェタミン	1 年
ダニエル・リオス	ヤクルト	2008	ハイドロキシスタノゾロール	1 年
井端 弘和	中日	2011		けん責
ジャフェット・アマダー	楽天	2018	クロルタリドン、フロセミド	6 ヵ月
ジョーイ・メネセス	オリックス	2019	スタノゾロール	1 年
サビエル・バティスタ	広島	2019	クロミフェン	6 ヵ月

特に 2005 年 4 月 6 日にピッツバーグ・パイレーツの 3 選手が処分されたことがあったが、その 3 選手はブライアン・マレット（03 年近鉄）、ジョン・ナナリー（00 年オリックス）、トム・エバンス（01 年阪神、02 年西武）といずれも NPB 経験者だった。アメリカではドーピングの再犯者がいることを考えると、薬物検査をすり抜けて NPB でプレーしてしまっているようなこともあるのかもしれない。余談だが昨シーズン、ロッテのジェイ・ジャクソンが大麻所持で警察沙汰となり解雇された。日本だと法律違反が強調されるが、大麻もドーピング指定薬物（競技会時）となっており、アスリート的な視点でも「アウト」だったわけだ。

日本では出場停止処分後に復帰した選手は、リック・ガトームソンのみとなっており、停止処分前後を比較できる貴重な例ではあるが、そのガトームソンもスタッツが軒並み悪化していた（表 6 ）。投球スピードのデータはないが、やはり一定の恩恵を受けていた可能性も考えられる。

■ 表6　リック・ガトームソンのの出場停止処分前後の成績

期間	投球回	防御率	K/9	HR/9
2005-2007（出場停止処分前）	393 2/3	3.34	6.22	0.64
2007（出場停止処分後）-2008	120	4.13	4.28	0.83

5．ドーピング発覚時の成績の取り扱いはいかにすべきか

今回、メジャーリーグを中心にドーピング違反者のスタッツをみてみたが、まだまだ数が少なく未知な領域が多い。今回取り扱ったスタッツを見る限り、薬物摂取をしても、そこまで顕著に数値を伸ばしているようには見えない。薬物の恩恵がそこまで多くなければ、なぜ彼らの名声を汚すリスクを冒してまで薬物に手を染めてしまうのだろうか。そのひとつに野球界は、他のスポーツ競技とは異なり、成績の抹消やタイトルのはく奪がないからではないかと推察する。

1980 ～ 90 年代を代表するスーパースターのホセ・カンセコは 1988 年にメジャー史上初となる 40 本塁打 40 盗塁を達成しアメリカンリーグ MVP に輝いた。その後彼は過去の薬物使用を告白する内容の本を出版した[1]。

これに反応したのが同年の MVP 投票 2 位でのちに阪神に加わるマイク・グリーンウェルだった。彼は「カンセコのような薬物使用者に MVP 投票で負けたのは納得できない。タイトルの有無で契約も大きく変わってくる」という趣旨の発言をしたことがあった[2]。仮にタイトルはく奪とした場合、個人タイトルだけでなく、チーム成績も含めてどういった扱いにするべきなのか。このあたりは簡単に結論の出るものではないだろう。

約半年後にオリンピックを控えており（2021 年 2 月 2 日現在）、特に新型コロナウィルス対策で健康維持に気を遣いすぎるあまり、なにげなく摂取したサプリメントや漢方薬によって、知らないうちにドーピング違反になってしまうことにも十分注意が必要である。

薬局で売られている総合感冒薬（いわゆる風邪薬）には興奮薬であるエフェドリン類や気管支拡張作用のある成分が含まれている。また、麻黄附子細辛湯という漢方薬にもエフェドリン類、のど飴にも含まれていることがある南天実という生薬にヒゲナミンという気管支拡張作用成分が含まれている。滋養強壮効果のある栄養ドリンク剤も同様である。世界アンチ・ドーピング機構（WADA）禁止薬物であるこれらを摂取することで知らないうちにドーピング違反者となってしまうリスクがともなっている。

[1] Jose Canseco, Juiced: Wild Times, Rampant 'Roids, Smash Hits, and How Baseball Got Big,（William Morrow, 2005） 同書は『禁断の肉体改造』の邦題で、日本でもベースボールマガジン社から出版されている。

[2] https://www.espn.com/mlb/news/story?id=1993112

他にも、クレンブテロールという気管支拡張作用のある物質が混ぜられた飼料を食べて育った牛の肉（汚染肉）を摂取することによるドーピング事例は、近年ボクシング界を中心に大きく報道されており、普段の食事にも十分な注意が必要である。

特に今年は野球選手もオリンピック候補選手であるということを念頭に置きながら、クリーンでハードなプレーをしてもらいたいと願うばかりである。

五輪イヤーにドーピング問題を考える

データで見る NPB のファームのかたち

岡田 友輔

　2020 年より、DELTA はファーム（二軍）の詳細データ取得を開始した。デー
タは映像による取得がメインで、一部中継のない試合に関しては現地に赴きデー
タ入力を行っている。二軍については、「期待の若手」など選手単位で関心を寄
せられる機会はあったが、全体像に関しては顧みられることは少ないように感じ
る。これは、ファームの露出が一軍に比べ極端に少ないのが主因だろう。また、
データ面も基本スタッツが公開されるのみで、リーグ全体の理解を深める役割
を果たせてこれなかった。

　もちろん、これまでより詳細なデータを 1 年分取ったところで、ファームの実
情について理解が急速に進むわけではない。試合に勝利するという明快な目標
のある一軍よりも、選手育成・一軍戦力の調整・故障からの復帰など様々な機
能を有するファームは、より複雑なリーグ運営がなされていると考えるべきだろ
う。全体の傾向、選手育成、一軍への戦力供給など、ファーム運営について理
解を深めることが詳細データ取得の目的のひとつとなる。

１．出場選手の年齢構成

　詳細なデータを見る前に、ファームで出場した選手を確認しておこう。選手育成

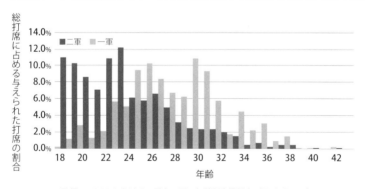

■ 図 1　NPB における一軍と二軍の年齢別出場割合（野手／ 2020）

はファームの重要な役割だが、それがよく表れているのが出場選手の年齢構成だ（図1）。野手は入団から20歳前半の期間に集中的に打席を配される。2020年シーズンは入団から23歳（2020年4月1日を基準）までの選手がファームの全打席の60%を占めている。一軍では全打席の50%を超えるのが28歳（53.3%）と、全く異なるのがよく表れている。ファームに関しては20代後半から急速に出場機会が狭まり、30代半ばでほぼ出場が限られる。この年代は一軍戦力の再調整やリハビリなど、チーム力の維持に必要な打席という面が強そうだ。

　野手の打席配分は、高卒で6〜8年、大卒は3〜5年程度が一軍への選手供給期間がひとつのめどとなりそうだ。これは無事に選手を一軍に送りだすだけでなく、主力としての育成をあきらめる目安とも言えそうで、過去の調査とも同じような傾向となっている。

■ 表1　ファーム年齢別の打撃成績

年齢	打率	出塁率	長打率	wOBA	K%	BB%	ゴロ率
18	.218	.284	.291	.277	22.0%	7.6%	49.1%
19	.246	.312	.367	.314	21.2%	8.0%	48.8%
20	.238	.304	.352	.306	20.2%	8.3%	46.6%
21	.266	.345	.397	.344	19.6%	9.6%	45.2%
22	.247	.323	.340	.311	18.5%	8.9%	51.4%
23	.276	.356	.407	.353	16.7%	10.0%	46.6%
24	.248	.336	.385	.338	20.4%	10.5%	44.7%
25	.265	.342	.406	.347	18.7%	9.3%	46.2%
26	.276	.370	.416	.362	16.3%	11.9%	45.8%
27	.275	.351	.434	.358	17.7%	9.7%	45.6%
28	.271	.358	.438	.363	18.3%	10.0%	43.9%
29	.306	.378	.425	.363	16.4%	10.0%	46.5%
30	.252	.346	.379	.335	16.5%	12.1%	51.7%
31	.246	.332	.315	.317	15.3%	10.1%	51.9%
32	.285	.356	.388	.343	15.0%	9.5%	47.7%
33	.302	.387	.415	.377	18.0%	11.6%	49.1%
34	.253	.345	.367	.325	18.3%	11.4%	36.7%
35	.276	.367	.378	.350	10.9%	12.2%	52.3%
36	.173	.292	.280	.276	21.3%	14.6%	37.5%
37	.284	.354	.342	.321	10.7%	10.7%	52.9%
38	.238	.301	.306	.279	15.9%	8.5%	43.6%

　ファームは選手育成が重要な機能で、技術や体力に課題のある若手選手が出場のかなりの割合を占める。年齢別の打撃成績（表1）を見ても高卒から間もない選手の打撃成績は拙い内容となっている。ファームの成績はこの層の成績をどの様に扱うかがひとつのポイントになるだろう。

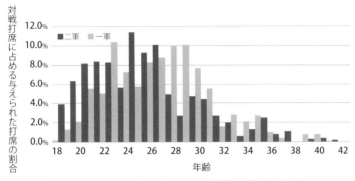

対戦打席に占める与えられた打席の割合

■ 図2　NPBにおける一軍と二軍の年齢別出場割合（投手／2020）

　出場割合で見ると投手は野手よりも一軍運用のタイミングが早い（図2）。大卒選手は一二軍で入団から早い段階で運用サイクルに加わり、プロで最も稼働する年齢といっていいかもしれない（高卒投手は野手に比べると比較的出場は限定的）。投手に関しては日米の調査でも明らかだが、選手の稼働面で厳しい状況がうかがえる。

2．投球データから見る一二軍の比較

　おおまかな選手の構成を理解したうえで、一二軍の投球データを比較したのが表2になる。投球データは球種ごとになっているが、ファームで球種不明が多いのは、現地入力した試合では、球種の判別が難しいためだ。主に広島ファームの由宇球場での入力がこれにあたり、全体の8％余りが球種不明となっている。

■ 表2　一軍における球種割合と投じた場合の結果（NPB/2020）

球種	割合	空振り	ゴロ	フライ	ライナー	フライナー
ストレート	43.7%	7.1%	39.2%	44.9%	9.6%	6.2%
カーブ	7.3%	8.4%	48.9%	34.4%	11.0%	5.8%
シンカー	2.2%	12.8%	64.5%	23.7%	6.6%	5.1%
スライダー	16.4%	12.3%	45.0%	40.1%	8.9%	6.0%
シュート	6.6%	5.3%	60.0%	24.7%	9.6%	5.6%
カットボール	7.9%	10.8%	47.2%	36.5%	9.8%	6.5%
チェンジアップ	5.9%	16.2%	53.2%	33.5%	8.6%	4.7%
フォーク	9.9%	18.5%	58.5%	27.0%	9.6%	5.0%
不明	0.1%	6.8%	42.1%	31.6%	10.5%	15.8%
特殊	0.0%	0.0%	0.0%	0.0%	0.0%	0.0%
全投球	100.0%	10.0%	46.9%	37.8%	9.5%	5.9%

■ 表3　ファームにおける球種割合と投じた場合の結果（NPB/2020）

球種	割合	空振り	ゴロ	フライ	ライナー	フライナー
ストレート	47.1%	6.7%	43.5%	40.3%	9.8%	6.4%
カーブ	7.7%	7.4%	51.9%	32.4%	9.6%	6.2%
シンカー	1.2%	10.7%	61.0%	23.9%	9.5%	5.5%
スライダー	16.8%	13.5%	45.8%	38.6%	9.2%	6.3%
シュート	2.5%	6.0%	61.8%	24.7%	9.9%	3.7%
カットボール	4.4%	12.2%	52.5%	32.8%	8.8%	5.9%
チェンジアップ	4.5%	16.5%	51.3%	34.2%	8.6%	5.9%
フォーク	7.6%	17.9%	59.7%	25.9%	8.7%	5.6%
不明	8.2%	9.7%	44.7%	38.2%	9.0%	8.1%
特殊	0.0%	8.3%	0.0%	0.0%	0.0%	0.0%
全投球	100.0%	9.7%	47.2%	37.0%	9.5%	6.3%

　一二軍の比較で目につくのはストレートの投球割合に大きな違いがある点だ。ファームはストレートが一軍を3.4ポイント上回っている。不明球種分8.2％を考慮すると、おそらく投球の半分以上がストレートとなっていると考えられる。育成初期の選手なども多く、基本となるストレートを実戦で多く投じるケースが多いことが予想される。変化球は一二軍ともにスライダー・カーブ・フォークなどが主要球種となっているが、一軍はより多くの球種が投じられているのがわかる。

　球種ごとの空振りや打球割合は、明確な傾向が出ているわけではないが、全体のバランスは一二軍のレベルの差はあれ、非常によく似ている。

3．主要3球種（ストレート・スライダー・フォーク）の比較

・ストレート

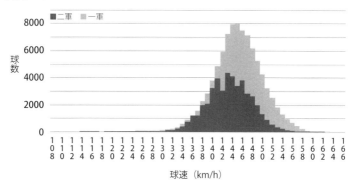

■ 図3　一軍と二軍のストレートの球速分布状況（2020）

・一軍平均　145.0　中央値　145

・二軍平均　143.3　中央値　143

ファームは平均球速、中央値ともに一軍に比べスピードで2キロほど劣っている。

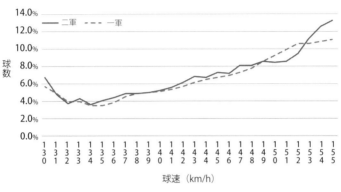

■図4　一軍と二軍のストレートの空振り率比較（2020）

　球速を軸に打者のアプローチを見たのが図4になる。各球速と前後1キロのデータをもとにストレートの球速に対して空振りの割合を算出した。これを見ると、一二軍で大きな違いは見受けられない。もちろん、一二軍でストレートの質は異なるだろうが、少なくともバットにボールを当てるという面では、ファームの選手も一定の対応力を見せている。

　ただ、打球がバットに当たった際には一二軍で大きな違いがある。ストレートは打者にとってゴロになりにくい球種で、バットにボールが当たれば打者にとってそれなりの見返りがある。しかし、一二軍でゴロになる割合に大きな差がある（図5）。特に140キロを超えると明らかな差が出ており、一二軍打者の対応力の違いがよく出ている。一軍打者も球速が上がるとゴロの割合が増えていくが、二軍選手にとってさらに苦しい状況になるのがうかがえる。

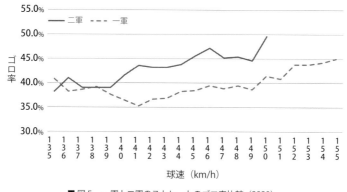

■図5　一軍と二軍のストレートのゴロ率比較（2020）

　上記を踏まえストレートの球速がどの程度の影響があるのかを測るために wOBA を算出した（図6）。基本的に球速の上昇は wOBA を低下させるが、一軍に比べ二軍打者はスピードに対してより影響を受けるのがわかる。二軍選手が昇格した際に、一軍投手への対応をする際にスピードはひとつの壁になっていることがうかがえる。

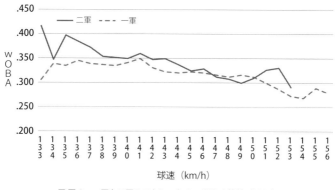

■図6　一軍と二軍のストレートの wOBA の比較（2020）

・スライダー

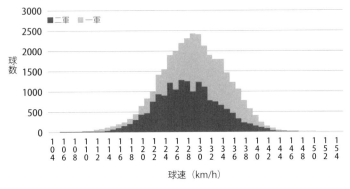

■ 図7　一軍と二軍のスライダーの球速分布状況（2020）

・一軍平均　129.1　中央値　129

・二軍平均　128.1　中央値　128

　ファームは平均球速、中央値ともに一軍に比べ1キロ程度しか変わらず、球速の分布については一二軍でそれほど大きな差があるわけではなさそうだ。最も投げられている変化球ということもあり、一軍とファームで最も差が小さい変化球の候補になるのかもしれない。

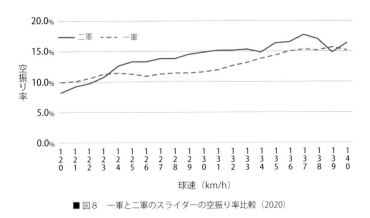

■ 図8　一軍と二軍のスライダーの空振り率比較（2020）

　一定以上の球速を持っているスライダーは二軍打者に対してかなり有効なようだ

（図8）。全投球の空振り率を大きく上回り、ファームの平均的なスライダーの球速があれば、15％の空振りが見込める。これは出場選手の年齢構成で見たように、プロ経験の浅い選手がかなりの割合で打席に立つ影響もあるだろう。一軍選手にとってもスライダーは一定以上の空振りが見込め、球速の上昇でさらに空振りを奪えるのはイメージに近いだろう。カウントを整える、勝負球と用途の広い球種だが、空振り割合からも使い勝手の良さを感じられる球種となっている。

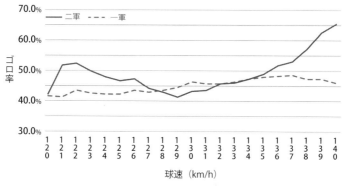

■図9　一軍と二軍のスライダーのゴロ率比較（2020）

　スライダーのインプレー打球の傾向については一二軍で傾向が異なる（図9）。一軍はどのような球速帯でもゴロ割合は40～50％の間で推移している（ある意味で一軍打者の安定性を示しているのかもしれない）。ファームでは、平均球速から外れたスライダーに対してゴロの割合が多くなっている。特に球速が上がると二軍打者の多くはスライダーへの対応が難しくなっている様子がうかがえる。

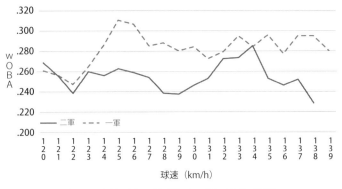

■ 図10 一軍と二軍のスライダーのwOBAの比較（2020）

　球速別のスライダーのwOBAを見ると（図10）、高い空振り率をベースに打者にとって攻撃力を限定させられる割合の多い球種であるのがうかがえる。セ・パ両リーグの平均wOBA.322であることを考えると、スライダーがかなり機能している。
　二軍ではさらにその威力は増し、ある程度のスライダーが投げられればそれなりの結果を出せるのではないかと感じられるほどだ。

・フォークボール

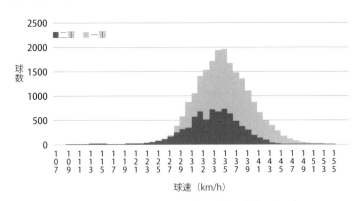

■ 図11 一軍と二軍のフォークボールの球速分布状況（2020）

・一軍平均　135.0　中央値　135

・二軍平均　132.9　中央値　133

　3つ目の球種はフォークボールになるが、平均・中央値ともに2キロほど球速に差がある。

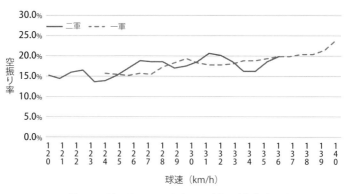

■ 図12　一軍と二軍のフォークボールの空振り率比較（2020）

　空振りを奪う点で優れるフォークボールは、一二軍どちらのリーグでも非常に優れた内容となっている（図12）。打者レベルの高い一軍の方が空振りの割合が高い球速帯もあり、一軍投手のフォークボールは打者にとって脅威となっている。加えて一軍投手では、かなり球速のあるフォークボールもかなりの割合で投じられており、これは二軍の選手が体験できない一軍ならではの領域といっていいかもしれない。

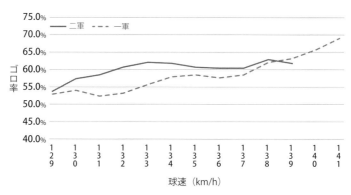

■ 図13　一軍と二軍のフォークボールのゴロ率比較（2020）

さらにフォークボールはゴロを打たせる割合でも秀でている（図13）。二軍選手に

とってはフォークボールに対してまともなバッティングをさせてもらえない割合が高く、バットに当たらない、当たってもゴロになるという状況となっている。一軍選手でもゴロを打つ割合は高く、球速が上がればさらに状況は悪くなる。

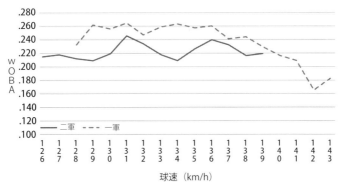

■ 図 14　一軍と二軍のフォークボールの wOBA の比較（2020）

　フォークボールに関しては、球種そのものの威力が突出しており、二軍ではフォークを試合の中で投じられるだけでかなりのアドバンテージになっている。一軍でも有用性は明らかで、さらにトップレベルの投手は速い球速帯のフォークボールで打者にまともな打撃をさせていないのがわかる。

4．一二軍の両方で出場した選手の比較と代替選手レベル

　主要な 3 球種を見てきたが、基本的に一軍打者に比べファームの打者の対応力は大きく劣る。これは、冒頭でも触れたようにファームの試合にはプロ経験の少ない若手選手が出場している割合が高いのが要因だろう。投手側から見ると、一軍に比べ球速の面で差がある球種も散見された。ファームは一軍に対する下部組織であり一軍レベルに劣るのは当然だが、一軍と二軍にどれくらいの差が存在するのだろうか。
　一二軍の力量差を考える上で参考になるのは、一二軍両方のリーグに出場した選手の成績だろう。NPB は一二軍の昇降格について、比較的制約が少なく、多くの選手が一軍登録されある程度のプレー機会を得ていく。

■ 表4　2020年シーズンに一二軍両方でプレーした選手の成績（合計）

リーグ	打席	打率	出塁率	長打率	BABIP	ISO	wOBA	三振率	四球率	GB%	HR/OF
二軍	22923	.270	.348	.397	.317	.127	.345	17.9%	9.8%	47.3%	7.6%
一軍	22419	.231	.301	.343	.283	.112	.296	21.5%	8.3%	47.9%	7.5%

　表4は2020年に一二軍でプレーした選手の打撃成績の合計になる。これは一軍のレギュラーでも、1打席でも二軍でプレーしたなら両方の成績として合計している。単純な合計だが、ファームでそれなりに攻撃力のあった二軍選手が、一軍では大きく成績を落としている。

　ただ、この合計では一軍とファームで極端に打席数が少ない（多い）選手の影響が大きく出てしまう。これを調整するために、両リーグで少ない打席数に合わせ、打撃成績を調整した。打席数を揃えたリーグは、打席に対するイベントごとの割合から成績を求めている（表5〜6）。

■ 表5　一二軍の打撃成績の合計

選手	一軍出場	二軍出場
A選手	400	5
B選手	5	400
C選手	200	200
合計	605	605

■ 表6　一二軍の打席数を揃えた打撃成績

選手	一軍出場	二軍出場
A選手	5	5
B選手	5	5
C選手	200	200
合計	210	210

※A選手の一軍成績は5/400、B選手の二軍成績は5/400にして各イベントを調整

■ 表7　2020年シーズンに一二軍両方でプレーした選手の成績（調整）

リーグ	打席	打率	出塁率	長打率	BABIP	ISO	wOBA	三振率	四球率	GB%	HR/OF
二軍	7415	.281	.364	.425	.324	.143	.362	16.9%	10.5%	46.2%	8.5%
一軍	7415	.210	.276	.311	.267	.101	.271	24.1%	7.3%	48.1%	6.9%

　一二軍に出場した選手の打席を調整したうえで比較したのが表7だが、一軍での打撃成績はさらに低下している。打撃アプローチでは、まず三振率と四球割合の悪化で、二軍とは全く別の選手になっている。さらに、インプレーの安打割合（BABIP）でもなかなか出塁につながらず、自分のスイングをさせてもらう割合が少なくなっていることも感じさせる（HR/OF低下、ゴロ増加など）。

　二軍で好成績を残し、一軍に昇格した選手の成績ゆえに、実際の成績から考える代替可能選手レベルを考えるひとつの材料にもなりそうだ。wOBAを見ると代替可能選手の想定に近く、一二軍の両リーグに出場している選手の動向を追うことで、よりNPBに適した代替可能選手レベルの基準づくりにつながるだろう。

　投手でも同じように成績を比較してみよう。単純な合計でも一軍での登板では、パフォーマンスが悪化している（表8）。

■ 表8　2020年シーズンに一二軍両方でプレーした投手の成績（合計）

リーグ	打者数	打率	出塁率	長打率	wOBA	三振率	四球率	K-BB%	GB%	HR/OF	空振り%	DER
二軍	23774	.246	.315	.352	.313	19.8%	8.3%	11.4%	49.0%	6.4%	10.1%	.680
一軍	33975	.261	.338	.403	.335	19.1%	9.7%	9.4%	46.8%	9.5%	9.6%	.683

■ 表9　2020年シーズンに一二軍両方でプレーした投手の成績（調整）

リーグ	打者数	打率	出塁率	長打率	wOBA	三振率	四球率	K-BB%	GB%	HR/OF	空振り%	DER
二軍	12993	.238	.304	.339	.301	20.4%	7.9%	12.5%	49.2%	5.9%	10.3%	.688
一軍	12993	.277	.360	.434	.358	17.9%	10.6%	7.3%	46.2%	10.3%	9.2%	.668

　打者と同じように打席を調整した比較をするとその差はさらに広がり（表9）、奪三振・与四球・被本塁打と投手の主要要素すべてが大きく悪化している。インプレーに関しても、ゴロが減り、アウトになる割合が減っている。投手の責任範囲だけでなく、補完部分でも一軍では苦しい投球となっている。若く経験を積むための野手が多くラインアップに名を連ねるファームに比べ、勝つために厳選された選手を連続で打ち取らなければならない一軍は全く別の環境といえるかもしれない。これは各球種への一二軍の対応を見るだけでも感じられることで、月並みだが一軍でよりどころになる球種などが必要になるのだろう。

5．守備面の比較

　打撃や投球と同じように守備についてもデータを見ていくが、やはり育成という側面を感じさせる内容となっている。
　二軍の守備を考えるうえで基礎になるのは打球の分布になる。一二軍で投手と打者の力量差は明確だが、その力量の差ゆえにインプレーの打球に違いはあるのだろうか。投球データの冒頭で打球種別データを見たが、一二軍でゴロフライなどに極端な違いは見られなかった。さらにその打球について詳しく見たのが次の図になる。

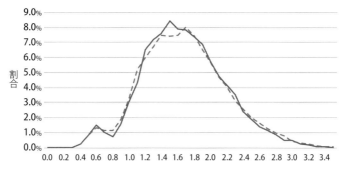

■ 図15　一軍と二軍のゴロ打球の種別比較（2020）

　図15は、ゴロ打球の強さなどを示す内野手が捕球あるいは捕球すべきタイミングに到るまでの時間（ハングタイム）で打球を分類しそれぞれの割合を表したものになるが、ここでも一二軍の打球は似通っており、投打のレベルの差はあれど、一二軍は似たようなバランスで試合がなされているようだ。

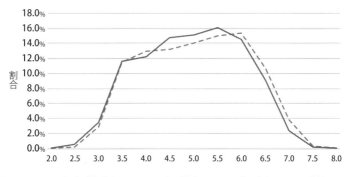

■ 図16　一軍と二軍のフライ打球の種別比較（2020）

　フライについても一二軍でそれほど多くの違いはない（図16）。やや一軍の方が滞空時間の長い打球が多くパワー面の差が出ている可能性もあるが、一二軍で全く異なる打球が飛んでいるということはないようだ。

6．打球処理の傾向

	ゴロ	外野フライ
一軍	73.4%	70.2%
二軍	70.4%	69.5%

　一二軍の打球傾向にそれほど違いがないのを確認したうえで、ゴロ・外野フライそれぞれの打球処理割合は表 10 のようになっている。一二軍でゴロの処理にはやや差があるが、外野フライの処理に関しては拮抗している。

7．ゴロ処理の比較

　ゴロ打球の処理は、一二軍でやや大きい差が生まれているが、その差が具体的にどこで生じているのか確認したのが図 17 である。

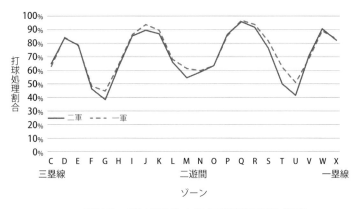

■ 図 17　一軍と二軍のゾーン別ゴロ処理状況の比較（2020）

・遊撃手

　最も違いが出たのが遊撃手になるだろう。一軍の遊撃手はプロ野球で最も守備力に優れた選手群で、守備範囲や打球処理の安定度でいえばどのポジションもかなわない存在だ。それに対してファームの遊撃手は、一軍で遊撃手を務められるポテンシャルを秘めた選手群ではあるが、一軍のレギュラーに比べ、定位置付近（J 付近）での安定度や左右の守備範囲で劣るのは当然といえば当然だろう。

・二塁手

　内野でも遊撃手の次に守備力を求められるポジションになるが、遊撃手とは様相が異なる。定位置（Q 付近）から二遊間方面（O・P）の処理に関しては一軍とそん色がなく、一二塁間方向でやや差がついている。

・三塁手

　一軍の三塁手と同等の守備力を少なくとも 2020 年は発揮している。比較的強い打球が飛ぶ守備位置だけに、若く身体的に優れた期間のファーム選手が善戦した可能性もありそうだ。

・一塁手

　一塁手も三塁手同様に一軍と遜色ない守備力を発揮した可能性がある。一軍の一塁手は打撃の比重が大きく守備面は軽視されがちだ。二軍でも守備に課題のある選手が務めるのは変わらないだろうが、その処理割合が同程度だったのは興味深い。

　全体では一二塁間や三遊間で処理割合に差がついている。これが、一二軍の純粋な守備力の差、選手の連携、あるいは打者走者の走力に起因しているのかなどは、今後さらに踏み込みたい部分だ。

8．外野の打球処理の比較

　外野手は二軍試合のサンプルが少なく、ゾーンの評価を高めるにはもう少しデータを蓄積したいところだ。ひとつ一二軍のデータを比較して気になったのは、打球処理の傾向についてである。

		←前方		距離		後方→
		4	5	6	7	8
左翼線	C	-13.9%	8.6%	1.2%	-4.6%	-14.2%
	D	-20.5%	8.5%	3.9%	3.0%	-0.5%
	E	21.1%	-10.9%	-1.2%	4.5%	-32.6%
	F	-6.7%	7.0%	-2.5%	11.8%	5.8%
	G	-1.7%	0.1%	-2.8%	9.3%	7.8%
	H	10.3%	-4.5%	-0.7%	8.7%	12.4%
	I	13.8%	-2.5%	-5.8%	-0.9%	13.8%
	J	25.4%	-5.4%	8.8%	8.0%	11.9%
	K	8.5%	-6.1%	-2.9%	-1.4%	9.2%
	L	11.4%	-7.2%	0.6%	-4.1%	4.1%
中堅	M	8.9%	-18.2%	-3.9%	-2.0%	13.2%
ゾーン	N	-0.5%	-4.2%	-0.2%	-2.2%	3.9%
	O	-0.5%	-2.3%	-13.3%	0.1%	19.3%
	P	9.7%	-0.3%	-9.7%	3.1%	8.7%
	Q	11.3%	1.3%	-1.0%	-1.0%	0.2%
	R	0.2%	-0.3%	-0.9%	1.2%	6.7%
	S	14.8%	0.2%	5.0%	6.2%	-3.2%
	T	6.3%	-1.8%	3.6%	-3.3%	-5.9%
	U	12.8%	-9.0%	-1.9%	6.9%	-12.2%
	V	7.3%	-1.4%	-7.5%	8.8%	-22.8%
右翼線	W	7.2%	-6.1%	-6.0%	3.5%	-20.9%
	X	-1.0%	-16.4%	14.0%	-1.4%	-10.7%

■図 18　外野守備で一二軍間に差が出るエリア（2020）

図 18 は一軍の打球処理割合から、二軍の打球処理割合をそれぞれの対応する
ゾーンで減算したものになる(プラスなら一軍、マイナスなら二軍の処理が高い)。
個別の数値は置いておくとして、外野の浅いゾーンは二軍、外野の深いゾーンは一
軍の処理が高い傾向に感じた。これは打者の力量によって、一二軍がポジショニン
グを最適化した結果である可能性もありそうだ。あくまで推察ではあるが、育成段階
でプロの力量にまだ届かない選手が出場していることを思えば、一軍の定位置より
も前に守っているケースは、十分に考えられそうだ。

守備データ(少なくとも 2020 年)は一二軍でかなり近い打球の傾向だったことを
考えると、投打のデータよりも参考にしやすいかもしれない。特に打球の到達時間
をベースにした打球処理に関しては、二軍選手の守備に関する特性を理解する上で
有用な情報になりそうだ。

9. 今後の二軍データについて

2020 年の二軍データの集計傾向を見てきたが、一軍と二軍には打撃・投球・守
備それぞれで、それなりに高い壁が存在すると考えるべきだろう。また、これは 1
年のデータでしかなく、取得したデータの集計傾向の確認が趣旨というべきで、こ
の内容が一過性のものかもしれない点は留意が必要だ。

2021 年度もファームのデータは継続して取得予定で、シーズンをまたぐことで昇
降格選手の傾向や、二軍成績の分析についても幅が出てくるだろう。育成・戦力供
給など多くの役割を持つファームの成績は扱いが難しい反面、リーグ間のレベルの
差や選手の一軍適応能力の考察など、日本のプロ野球について理解を深める材料
になるはずだ。

著者プロフィール

岡田 友輔 (おかだ・ゆうすけ)

統計的な見地から野球の構造・戦略を探るセイバーメトリクスを専門に分析活動に取り組む。2011年にスポーツデータの分析を手がける DELTA(デルタ)を設立。2016年に集計・算出したデータを公開する「1.02-DELTA Inc.」を開設。
WEB https://1point02.jp/
WEB https://news.yahoo.co.jp/byline/okadayusuke/

道作 (どうさく)

1980年代後半より分析活動に取り組む日本でのセイバーメトリクス分析の草分け的存在。2005年にウェブサイト『日本プロ野球記録統計解析試案「Total Baseball のすすめ」』を立ち上げ、自身の分析結果を発表。セイバーメトリクスに関する様々な話題を提供している。
WEB http://www16.plala.or.jp/dousaku/

蛭川 皓平 (ひるかわ・こうへい)

セイバーメトリクスの体系的な解説を行うウェブサイト『Baseball Concrete』を開設。米国での議論の動向なども追いかけている。2019年11月に『セイバーメトリクス入門 脱常識で野球を科学する』(水曜社刊)を上梓。
WEB http://baseballconcrete.web.fc2.com/
🐦 @bbconcrete

佐藤 文彦 (さとう・ふみひこ)

株式会社 DELTA が配信しているメールマガジンや「1.02-DELTA Inc.」にてレギュラーで分析記事を提供。バレーボールの分析にも取り組む。2017年3月に『[プロ野球でわかる!]はじめての統計学』(技術評論社刊)を上梓。
🐦 @Student_murmur

水島 仁 (みずしま・じん)

精神科専門医、認定内科医、日本スポーツ協会認定スポーツドクター。首都圏の病院の急性期病棟に勤務する傍らセイバーメトリクスを活用した分析に取り組む。メジャーリーグのほか、マイナーリーグや海外のリーグにも精通。アメリカ野球学会(SABR)会員。

神原 謙悟 (かんばら・けんご)

2001年に都立青山高卒業。母校野球部にて5年間監督を務める。その後、大学・高校を主なフィールドとしてゲーム分析を行う。現在はプロ球団にてスコアラーデータやフィジカルデータ、TrackMan を用いて戦術と育成に関わる分析業務に携わる。データからデータを導くのではなく、感覚と仮説からデータ分析を行い、コーチや選手と会話ができる分析を心がけている。監修書籍に『試合に勝つための㊙偵察術』(日刊スポーツ出版社刊)がある。

市川 博久 (いちかわ・ひろひさ)

弁護士。学生時代、知人が書いていた野球の戦術に関する学術論文の話を聞き、分析に興味を持つ。その後、ノンフィクション小説『マネー・ボール』や DELTA アナリストらが執筆したリポートを参考に考察を開始。球界の法制度に関する研究や情報発信も行う。
WEB http://blog.livedoor.jp/hakkyuyodan/
🐦 @89yodan

竹下 弘道 (たけした・ひろみち)

古典的ボックススコアから選手とチームの通史的な分析に取り組む。その結果を紹介する自身のブログは多くの読者を持つ。
WEB https://ranzankeikoku.blog.fc2.com/
🐦 @RCAA_PRblog

八代 久通 (やしろ・ひさみち)

学生時代に数理物理を専攻。野球の数理的分析に没頭する。近年は物理的なトラッキングデータの分析にも着手。
🐦 @saber_metmh

二階堂 智志 (にかいどう・さとし)

自身の Web サイトで、野球シミュレーションゲームやセイバーメトリクスの分析結果を発表。成績予測システム開発のほか、打順シミュレーター作成などの実績がある。
WEB http://pennantspirits.blogspot.com/
🐦 @PennantSpirits

プロ野球を統計学と客観分析で考える
デルタ・ベースボール・リポート 4

発行日 　　2021 年 3 月 22 日　初版　第 1 刷

著者 　　　岡田 友輔・道作・蛭川 皓平・
　　　　　　佐藤 文彦・水島 仁・神原謙悟・
　　　　　　市川 博久・竹下 弘道・八代 久通・
　　　　　　二階堂 智志

発行人 　　仙道 弘生
発行所 　　株式会社 水曜社
　　　　　　160-0022　東京都新宿区新宿 1-14-12
　　　　　　TEL 03-3351-8768　FAX 03-5362-7279
　　　　　　URL suiyosha.hondana.jp/

装丁 　　　若月 智之（wakatsuki.biz）

印刷 　　　モリモト印刷株式会社